DEL **CAOS** EMOCIONAL
A LA **PAZ** INTERIOR

DEL **CAOS** EMOCIONAL A LA **PAZ** INTERIOR

CÓMO LOGRAR UNA SANACIÓN INTEGRAL

DAVID SOLÁ

Tyndale House Publishers, Inc.
Carol Stream, Illinois, EE.UU.

Visite Tyndale en Internet: www.tyndaleespanol.com y www.BibliaNTV.com.

TYNDALE y el logotipo de la pluma son marcas registradas de Tyndale House Publishers, Inc.

Del caos emocional a la paz interior: Cómo lograr una sanación integral

© 2016 por David Solá. Todos los derechos reservados.

Fotografía del autor: produccioneditorial.com. Todos los derechos reservados.

Fotografía del fondo en la portada © merydolla/Dollar Photo Club. Todos los derechos reservados.

Silueta del hombre en la portada © rockerchick1080/Dollar Photo Club. Todos los derechos reservados.

Diseño: Alberto C. Navata Jr.

Maquetación: produccioneditorial.com

El texto bíblico sin otra indicación ha sido tomado de la Santa Biblia, *Nueva Versión Internacional,*® *NVI.*® © 1999 por Biblica, Inc.® Usado con permiso. Todos los derechos reservados mundialmente.

El texto bíblico indicado con NTV ha sido tomado de la *Santa Biblia*, Nueva Traducción Viviente, © Tyndale House Foundation, 2010. Usado con permiso de Tyndale House Publishers, Inc., 351 Executive Dr., Carol Stream, IL 60188, Estados Unidos de América. Todos los derechos reservados.

El texto bíblico indicado con RVR60 ha sido tomado de la versión Reina-Valera © 1960 Sociedades Bíblicas en América Latina; © renovado 1988 Sociedades Bíblicas Unidas. Utilizado con permiso. Reina-Valera 1960® es una marca registrada de la American Bible Society, y puede ser usada solamente bajo licencia.

Library of Congress Cataloging-in-Publication Data
Names: Solá Mestres, David, author.
Title: Del caos emocional a la paz interior: Cómo lograr una sanación integral / David Solá.
Description: Carol Stream, IL: Tyndale House Publishers, Inc., 2016. |
 Includes bibliographical references.
Identifiers: LCCN 2015043479 | ISBN 9781496413079 (sc)
Subjects: LCSH: Emotions—Religious aspects—Christianity.
Classification: LCC BV4597.3 .S64 2016 | DDC 152.4—dc23
LC record available at http://lccn.loc.gov/2015043479

Impreso en los Estados Unidos de América

Printed in the United States of America

22	21	20	19	18	17	16
7	6	5	4	3	2	1

Para todos aquellos que tienen la sensibilidad y la voluntad de ayudar a otros en su sufrimiento emocional, conduciéndolos a la paz interior para sí mismos y para aquellos que aman.

ÍNDICE

Prólogo ix
Prefacio xi
Introducción xiii

LAS EMOCIONES Y SUS FUNCIONES 1
GUIONES Y CREENCIAS LIMITANTES 7
IDENTIFICACIÓN DE ESTRATEGIAS NEGATIVAS 19
LA SOMBRA 33
CAOS EMOCIONAL Y ENFERMEDAD 37
QUÉ NECESITAMOS LIBERAR Y CÓMO DESCUBRIRLO 43
LIBERACIÓN DE EMOCIONES REPRIMIDAS 59
LIBERACIÓN DE CREENCIAS Y GUIONES NEGATIVOS 69
LIBERACIÓN DE LAS NECESIDADES ESENCIALES 79
LIBERACIÓN DE LAS INTERPRETACIONES, JUICIOS Y PREJUICIOS 87
LIBERACIÓN DE LAS DEPENDENCIAS, SUSTITUTOS Y ADICCIONES 99
LIBERACIÓN DE LOS CONFLICTOS 113
LIBERACIÓN DEL DOLOR Y DEL TRAUMA DE LA PÉRDIDA 123
LIBERACIÓN DE LAS CRISIS EXISTENCIALES Y ESPIRITUALES 133
LIBERACIÓN DE LAS CARGAS FAMILIARES 143
TRABAJAR EL SÍNTOMA Y LA ENFERMEDAD 157
CÓMO TRABAJAR EN LA PROPIA LIBERACIÓN 167
SEGUIR EN LA PAZ INTERIOR 177

Conclusión 187
Bibliografía 189

PRÓLOGO

El primer día que vi el tráiler de la nueva película de Disney *Del revés (Inside out)*, llamé enseguida a David Solá y casi le obligué a ir a verla el mismo día del estreno. En ese tiempo estaba editando el libro que tienes en tus manos y no podía dejar de ver una y otra vez la conexión entre la película y este libro.

La gestión de las emociones es, posiblemente, una de las cosas más complicadas a las que el ser humano se ha enfrentado desde el inicio de los tiempos. Y ser conscientes de que cada una de las emociones que se generan en nosotros son nuestra responsabilidad y no de la circunstancia o de la persona que parece haberlas provocado es un salto enorme en nuestro desarrollo personal.

Catorce años atrás, cuando empecé a colaborar con las publicaciones de David Solá, me di cuenta de una de las señas de identidad de todo lo que David hace. La motivación que llevó a David a prepararse como psicólogo es la misma que lo llevó a escribir todos y cada uno de sus libros: ayudar a las personas a ser más libres y a poder desarrollarse sin estar condicionados por las cargas, las herencias y las circunstancias que han ocurrido en sus vidas.

Reconozco que en más de una ocasión procuré tentar a David para que escribiera lo que, desde mi criterio de editor, vendería más y mejor. Creo que en el mejor de los casos, algunas de esas propuestas llegaron a ser un par de líneas en una hoja en blanco, porque a los pocos días David me llamaba y cambiaba todo para escribir aquello que Dios había puesto en su corazón para ayudar a las personas.

Me siento más que honrado y privilegiado por haber compartido todos estos años como editor de David; y el que, además, me haya pedido que escriba este prólogo me llena de orgullo. Pero por sobre todo, lo que de verdad me hace sentir mejor con respecto a esta relación es que David es mi amigo. Un amigo con el que puedo conversar de cualquier tema sin temor a ser juzgado ni criticado, un amigo quien sé que dejará cualquier cosa que esté haciendo por ayudarme a mí o a cualquiera que lo necesite. Ese es el motivo por el que los libros de David son tan especiales; porque no hay teorías vacías de experiencia sino cientos de experiencias revestidas de enseñanza que sin duda serán de una gran ayuda para todos aquellos que se dediquen a trabajar con personas.

Como te comentaba hace un momento, tienes en tus manos una obra llena de herramientas que te ayudarán a mejorar como persona y te permitirán ayudar a otros a crecer. La gestión de esas emociones, generadas en muchas ocasiones por los sentimientos, nos hará subir un peldaño más en nuestro desarrollo personal y nos hará más libres de todas aquellas circunstancias que, en muchas ocasiones, lo que hacen es cargar nuestra mochila y hacer que vivir el día a día se convierta en una misión casi imposible.

Por último, quiero recomendarte otro libro, que en cierto sentido complementa el que ahora lees: *Lo siento, te amo*. Es otra de las obras de David Solá que marcó un antes y un después en su carrera literaria. Una obra también publicada por Tyndale que te mostrará una nueva dimensión en un aspecto tan complicado como el de asumir responsabilidades y liberarnos de cargas que harán de nuestra vida una experiencia aún más maravillosa.

Juan Triviño
Fundador de Ediciones Noufront y
www.produccioneditorial.com

PREFACIO

En muchas ocasiones tengo que dictar seminarios teórico-prácticos sobre temas y técnicas de autoayuda o de intervención para profesionales que trabajan en el ámbito de la psicología, la consejería, la medicina o las terapias alternativas.

Cuando sentí que debía escribir este texto, lo hice con base en los buenos resultados que he observado en la práctica de esta técnica sencilla de liberación emocional. Por otra parte, también he podido apreciar su carácter versátil, y esto la convierte en un inapreciable complemento terapéutico para ser usado conjuntamente con otras técnicas.

Su sencillez la hace especialmente asequible para cualquier profesional o lego en psicología, pues en la primera parte del libro se dan una serie de conocimientos útiles para ayudar a los lectores que no posean una base de formación específica, y en la segunda parte, que se dedica a la práctica, todos pueden comprender fácilmente la aplicación de este método.

Como evidencia que confirma lo que estamos diciendo, deseamos destacar los testimonios de algunos padres que lo han trabajado con sus hijos o con otros familiares y me han compartido posteriormente la liberación que experimentaron.

Y por último, deseo reconocer a todas aquellas personas que, después de ver los resultados de este trabajo, me animaron a ponerlo por escrito para que muchos puedan beneficiarse de su aplicación.

INTRODUCCIÓN

Se puede huir de todo menos de uno mismo, aunque el caos reine en nuestro interior.
Gao Xinajian (Escritor)

Las *EMOCIONES* están presentes en la vida de todas las personas y prácticamente en todo lo que hacemos. Hay personas que creen no tener emociones o que ellas apenas se manifiestan, y para justificarlo dicen que son muy racionales; pero una persona solo dejará de experimentar las emociones en su vida en el caso de haberse practicado una lobotomía.

Estamos con un amigo porque nos sentimos a gusto con él, visitamos a nuestros abuelos porque los queremos y vamos el fin de semana a la playa con ánimo de disfrutar. Nos enfadamos cuando algo se tuerce y nos alegramos cuando tenemos éxito en lo que nos hemos propuesto. Tenemos miedo a volar en avión o a ir a la consulta del dentista. Nos sentimos afligidos y dolidos cuando muere un familiar o alegres cuando la persona que nos atrae nos corresponde. Hay días en los que podemos trabajar o estudiar con interés y entusiasmo y otros en los que solo sentimos pereza o fastidio. Estas y otras situaciones de la vida cotidiana ponen de manifiesto la influencia que las emociones ejercen en nuestras vidas. Podemos afirmar que las emociones son inherentes a la propia condición humana y que, en gran medida, determinan nuestra existencia.

La mayoría de las decisiones que tomamos están dominadas por las emociones. Por los estudios en neurociencia sabemos que la corteza prefrontal del cerebro (donde por ejemplo, tienen lugar los pensamientos más avanzados y donde valoramos alternativas para solucionar problemas) está tremendamente influida por el sistema límbico, también llamado el cerebro emocional.

Desde esta perspectiva, las emociones no son positivas ni negativas sino que pueden ser una guía de acción que nos oriente a vivir mejor. Aunque solemos creer que las emociones muchas veces son el problema, en realidad nosotros las convertimos en un problema cuando no sabemos aprovechar la información que nos brindan y seguimos prisioneros de nuestras propias interpretaciones limitantes.

Un belicoso samurái desafió en una ocasión a un maestro zen a que explicara el concepto de cielo e infierno. Pero el maestro respondió con desdén:

«No eres más que un patán. ¡No puedo perder el tiempo con individuos como tú!». Herido en lo más profundo de su ser, el samurái se dejó llevar por la ira, desenvainó su espada y gritó: «¡Podría matarte por tu impertinencia!». «Se acaban de abrir las puertas del infierno», repuso el maestro con calma.

Desconcertado al percibir la verdad en lo que el maestro señalaba con respecto a la furia que lo dominaba, el samurái se serenó, envainó la espada y se inclinó, agradeciendo al maestro la lección. «Se acaban de abrir las puertas del cielo», añadió el maestro.

Lo que le ocurrió al samurái no es algo exclusivo de una persona irascible: es algo que muchos han experimentado al ser asaltados por las emociones sin poder controlarlas.

Por otra parte, tenemos nuestro *sistema de creencias* que sustenta y condiciona nuestra forma de pensar. Se trata de todas aquellas ideas que tenemos sobre nosotros mismos, nuestra vida y nuestro mundo, sobre el pasado y el futuro, sobre lo tangible y lo intangible. Estas ideas actúan creando suposiciones y prejuicios que determinan en muchas ocasiones la forma de sentir y de pensar, condicionando nuestras actitudes y decisiones.

Las creencias han sido fruto de los diversos aprendizajes que hemos ido experimentando a lo largo de nuestra vida, y en su momento posiblemente fueron válidas y útiles. Sin embargo, en nuestra evolución personal, lo que en un tiempo nos pudo ayudar luego puede incapacitarnos o generar importantes conflictos y emociones destructivas.

Creencias y emociones son un binomio que se realimenta a sí mismo y no existen la una sin la otra. Muchas de las emociones que sentimos son generadas por nuestros sentimientos, y a su vez, muchos de los pensamientos que se convierten en creencias son generados por las emociones que sentimos. Si en una determinada situación sentimos miedo, probablemente lo sentimos por lo que pensamos sobre ella. Así mismo, si la evitamos y nos tranquilizamos, reforzamos la idea de que aquella situación no es buena para nosotros.

Como consecuencia de esta combinación surge nuestra experiencia de vida y con ella batallamos consciente e inconscientemente cada día. Una forma de hacerlo es desarrollando *mecanismos mentales de defensa* para evitar el sufrimiento que nos produciría todo aquello que no nos gusta de nosotros.

Por otra parte, en nuestra mente existe una zona de desechos en la que vamos depositando toda clase de emociones, memorias de experiencias, creencias, programas de conducta, imágenes y un sinfín de registros que en su momento fueron desterrados por la parte consciente de nuestra personalidad a causa de no recibir la aceptación del entorno en el que hemos crecido. Esta región áspera e inexplorada para la mayoría de nosotros es conocida en psicología como la *sombra personal* y determina muchas de nuestras conductas, reacciones y actitudes.

Cuando no somos capaces de entender bien lo que nos ocurre, ni de manejar adecuadamente lo que sentimos, seguramente nos encontramos en una situación de *caos emocional*. El cerebro racional y el emocional entran en contradicción; entonces perdemos el control y experimentamos diferentes tipos de comportamientos, reacciones y sufrimientos. Generalmente la confusión y el desorden rigen este tipo de situaciones; perdemos la capacidad de control y de tomar decisiones, sufrimos estados de inseguridad y de alto contenido emocional; la ansiedad y los episodios depresivos se convierten en compañeros inseparables, nos volvemos muy vulnerables, perdemos el rumbo y nos dejamos arrastrar por las circunstancias. La falta de control hace que las emociones no cumplan con sus funciones naturales de adaptación corporal, de comunicación y de experiencia subjetiva. Muy posiblemente se dispararán emociones nuevas que no conocíamos y nos empujarán a comportamientos no deseados. Su intensidad e impulsividad, frecuencia, desproporción e inoportunidad nos manifestarán que nuestras emociones han dejado de regirse por las pautas naturales.

Conocer cómo se manifiesta todo esto en nosotros y *saber identificarlo* para poder tratarlo es de suma importancia para salir de las distintas situaciones de caos. Es muy difícil resolver una situación anómala si no se toma conciencia de ella previamente; así mismo ocurre con las emociones y creencias que nos envuelven y nos atrapan impidiéndonos la claridad mental y la unidad interior para manejar positivamente las múltiples situaciones que la vida nos va presentando.

A lo largo de este libro se expondrán una serie de diferentes situaciones de caos, explicadas con suficiente detalle para que el lector pueda identificarlas con facilidad. Las agrupamos temáticamente en nueve tipos de causas generales y las complementamos con el aporte de numerosos casos reales que han sido resueltos usando las *sencillas técnicas* que se describen en este texto. De esta manera el lector puede hacerse una idea clara de cómo llevar a la práctica las técnicas de liberación emocional y de transformación interior, tanto para ayudarse a sí mismo como a otros.

LAS EMOCIONES Y SUS FUNCIONES

La mayoría de nuestras equivocaciones en la vida nacen de que cuando debemos pensar, sentimos, y cuando debemos sentir, pensamos.
J. Churton Collins (Crítico literario)

DESDE LA PERSPECTIVA ETIMOLÓGICA, la emoción es *energía en movimiento*, y nos trae información sobre cómo nos sentimos con lo que estamos viviendo en un determinado momento y qué tipo de acción necesitamos realizar.

Una *emoción* es una reacción subjetiva al ambiente que experimentamos como un estado afectivo y viene acompañada de cambios orgánicos (fisiológicos y endocrinos) de origen innato, e influidos por la experiencia.

Básicamente, las emociones tienen una función adaptativa de nuestro organismo a su entorno. Con apenas unos meses de vida adquirimos emociones básicas como el miedo, el enfado o la alegría. Más tarde se irán haciendo más complejas gracias al lenguaje que dotará de significado las diferentes experiencias que vive la persona.

Cada uno experimenta las emociones de forma particular dependiendo de sus experiencias anteriores, del aprendizaje que ha realizado, de su propio carácter y de la situación concreta que vive. En el ser humano la experiencia de una emoción generalmente involucra un conjunto de ideas, actitudes y creencias sobre el mundo que utilizamos para valorar una situación concreta y, por lo tanto, influyen en el modo en el que esta situación es percibida.

Generalmente se activan en nuestro cuerpo de manera involuntaria y nos impulsan esencialmente a preservar la vida. Los mecanismos instintivos emocionales como la lucha, la huida o la reproducción han tenido una función social y adaptativa en la supervivencia de nuestra especie y siguen motivando nuestro comportamiento hoy en día.

Tres tipos de sistemas de respuestas

En las emociones intervienen tres tipos de sistemas de respuestas: el neurofisiológico/bioquímico, el conductual y el experiencial.

La respuesta neurofisiológica/bioquímica produciría un gran número de cambios corporales destinados a preparar el organismo para hacer frente a las demandas exigidas por el medio. En el caso de sentir miedo, habrá un aumento de la frecuencia cardíaca, la respiración se acelerará, se dilatarán las pupilas, las manos sudarán, se tensará la musculatura, aumentarán los niveles de adrenalina y de glucosa en la sangre.

La respuesta conductual la observaríamos en las expresiones faciales, los movimientos corporales, las conductas de aproximación o de evitación, los cambios en la expresión verbal, tales como la entonación de la voz o su intensidad.

En esta respuesta puede observarse cómo influye por una parte el desarrollo personal ejerciéndose un mayor control emocional en la edad adulta y, por otra parte, los factores socioculturales que influyen en la expresión emocional facilitando o inhibiendo su manifestación según el contexto en que se encuentre la persona. Por ejemplo, el comportamiento que una misma persona pueda tener en un campo de fútbol o en un funeral se encuentra claramente influido por el entorno.

La respuesta experiencial hace referencia a los estados subjetivos calificados por la persona como agradables o desagradables, positivos o negativos cuando tiene una emoción. A su vez, también se relaciona con el reconocimiento consciente que hace del estado emocional. Por ejemplo, cuando expresa que está airado o se siente feliz.

Tres grupos de emociones

Existen tres grupos diferenciados de emociones: las emociones *primarias,* las *secundarias* y las *instrumentales.*

Las emociones primarias son los verdaderos sentimientos. Algunas de estas emociones son adaptativas, porque representan la respuesta que está directamente relacionada con la situación. Por ejemplo, el miedo frente a la amenaza. Evidentemente, este tipo de emociones son necesarias para la supervivencia.

Pero dentro de este grupo también se encuentran las emociones desadaptativas que reflejan un sentimiento de malestar crónico y surgen cuando el sistema emocional funciona mal. No se relacionan directamente con la situación presente sino con alguna del pasado. Por ejemplo, cuando una persona siente soledad sin encontrarse sola.

Muchos autores coinciden en señalar que las emociones primarias básicamente son cuatro: la cólera, la alegría, el miedo y la tristeza.

Las emociones secundarias son emociones defensivas que oscurecen el sentimiento primario. A menudo ocultan lo que la persona está sintiendo en lo más profundo. Por ejemplo, si un niño ha crecido escuchando que tiene que ser fuerte, es muy posible que no esté dispuesto a admitir el miedo y en su lugar mostrará enfado. Este tipo de sentimientos son los primeros responsables del caos emocional.

Como emociones secundarias básicas se relacionan las siguientes: amor, sorpresa, vergüenza y aversión.

Las emociones instrumentales se usan con el propósito consciente o inconsciente de obtener algo que se desea, y para conseguirlo manipulan o influencian a los demás. Es común que ni la misma persona que las experimenta sea capaz de identificarlas. De este tipo de emociones sale el concepto de los *beneficios secundarios* que la persona obtiene al sufrir determinadas enfermedades y trastornos emocionales.

Funciones de las emociones

En todo caso, las emociones siempre reflejarán nuestro mundo interno, la manera en que juzgamos y evaluamos cada situación, y realizarán una función informativa sobre cómo vivimos y experimentamos aquello que ocurre en el exterior que nos rodea. A su vez, la energía que las emociones desarrollan nos impulsa a pasar a la acción para satisfacer nuestras necesidades y deseos, facilitando nuestra adaptación al medio.

Como ejemplo de las funciones de las emociones a continuación mencionamos algunas:

La alegría se asocia al logro y a las situaciones que nos producen placer y nos son beneficiosas, facilita la realización de lazos afectivos y nos impulsa a buscar otras situaciones similares.

La tristeza se asocia a los hechos dolorosos, nos informa que hemos perdido algo realmente importante, sea un ser querido o que nuestra necesidad de afecto no está siendo atendida. Nos ayuda a valorar lo que nos importa genuinamente y aquello que da sentido a nuestra vida.

La cólera nos da consciencia de que nuestros límites han sido violados o de que algo nos está molestando y, a su vez, nos da la sensación de fuerza y nos activa para defender nuestra integridad al sentirla amenazada o resolver la molestia.

El miedo nos indica la existencia de peligros y activa los mecanismos naturales de lucha, de huida o de alerta ante una situación de riesgo o de emergencia. Nos ayuda a protegernos de aquel entorno que puede resultar amenazante.

La sorpresa nos impacta con algo nuevo y nos estimula a seguir investigando.

El asco nos informa que lo que experimentamos es malo para nosotros y debemos expulsarlo.

La vergüenza nos muestra que nos hemos expuesto en exceso y necesitamos escondernos.

Muchas veces se usan indistintamente los términos *sentimientos* y *emociones* como si fueran sinónimos, pero son conceptos cualitativamente diferentes.

Aunque los dos términos provienen del latín, sus raíces son diferentes:

Emoción viene de la palabra «emotio» que significa mover de un lugar a otro.

Sentimiento procede de la palabra «sentire» y tiene un significado complejo; designa un acto perceptivo-reflexivo concebido como una acción inseparable.

Sentimientos y emociones

Las *emociones* son un conjunto complejo de respuestas producidas por el cerebro de forma automática ante un estímulo con base química y neuronal. En cambio, los *sentimientos* surgen de la evaluación consciente que hacemos de la percepción de nuestro estado corporal durante una respuesta emocional. Así pues, los sentimientos son conscientes mientras que las emociones son inconscientes. Por ejemplo, si en un momento dado notamos mariposas en el estómago (emoción), posiblemente etiquetaremos esta sensación como alegría (sentimiento).

Otro factor diferenciador hace referencia a la duración: la emoción es menos duradera que el sentimiento.

Las emociones son estados de excitación o perturbación más o menos espontáneos que pueden durar desde segundos hasta horas; necesitan un estímulo disparador que puede ser interno o externo. En el caso de que este estímulo desaparezca, también suelen hacerlo las emociones.

A diferencia de las emociones, los sentimientos son un componente subjetivo de las emociones; por esta razón, la duración de los sentimientos es proporcional al tiempo en que nuestra conciencia piensa en ellos. Por ejemplo, sentimos tristeza mientras nuestra mente se enfoca en un tema triste, pero si alguien viene y descentra nuestra atención a otra circunstancia, seguramente cambiará nuestro sentimiento.

Estados de ánimo

Relacionados directamente con los sentimientos y las emociones se encuentran los *estados de ánimo*. Generalmente apenas los percibimos y los podríamos calificar como sensaciones de fondo más persistentes que las emociones y de menor intensidad, aunque algunas veces pueden ganar fuerza y llegar a volverse insoportables.

En los estados de ánimo muchas veces no parece existir una causa clara que los provoque, y resulta difícil establecer una relación causa-efecto entre estos y las situaciones que vivimos.

Muchos pueden pensar que el origen de los estados de ánimo se encuentra relacionado con las actividades, las relaciones personales y lo que suceda con nuestras expectativas. Pero además, también influyen en los estados de ánimo nuestra salud, el ejercicio, el descanso, los ritmos corporales y los estilos de pensamiento. Por esta razón tienen una función informativa como indicadores generales tanto del funcionamiento fisiológico de nuestro organismo como de nuestra experiencia psicológica.

Además, los estados de ánimo también suelen condicionar nuestra respuesta emocional ante una determinada circunstancia; por ejemplo, en un estado de ánimo apático estaremos menos predispuestos a sentir ira que en un estado activo. De la misma manera, este factor condicionante de los estados de ánimo afectará también a nuestras conductas, predisponiéndonos a unas con preferencia a otras.

Durante mucho tiempo las emociones han sido consideradas poco importantes y siempre se le ha dado más relevancia a la parte racional del ser humano. Pero las emociones, al ser estados afectivos, indican estados internos personales tales como las motivaciones, los deseos, las necesidades y demás estados anímicos.

Una misma emoción puede desencadenar diferentes reacciones en la misma persona dependiendo de otros factores, por eso es difícil saber, a partir de la emoción, cuál será la conducta futura de la persona, aunque muchas veces puede ayudar a intuirla. Por ejemplo, una persona que en un momento dado siente miedo puede reaccionar de forma agresiva, pero si siente mucho miedo, seguramente quedará paralizada.

GUIONES Y CREENCIAS LIMITANTES

Es más fácil desintegrar un átomo que un prejuicio.
Albert Einstein (Científico)

Nuestra forma de pensar tiene su propio soporte que la sustenta y condiciona; lo conocemos como nuestro *sistema de creencias*. Las creencias son las convicciones que determinan y regulan las pautas de pensamiento. Son ideas que tenemos sobre nosotros mismos, nuestra vida y nuestro mundo, sobre el pasado y el futuro, sobre lo tangible y lo intangible. Estas ideas actúan creando suposiciones y prejuicios que determinan en muchas ocasiones la forma de sentir y de pensar, condicionando las actitudes y las decisiones.

Las creencias han sido fruto de los diversos aprendizajes que hemos ido experimentando a lo largo de nuestra vida, y en su momento posiblemente fueron válidas y útiles. Sin embargo, en nuestra evolución personal, lo que en un tiempo nos pudo ayudar luego puede incapacitarnos o generar importantes conflictos y emociones destructivas.

En muchas ocasiones observamos cómo las personas tienen incorporadas en su lenguaje una serie de creencias negativas que expresan sin tomar mucha conciencia de ellas. El hecho es que estas creencias o ideas negativas van tomando fuerza en la persona que las dice y en su área de influencia, adquiriendo un valor de verdad que nadie se atreve a cuestionar. En estas circunstancias, al dar por cierto algo que probablemente no lo es, o solo lo es parcialmente, las personas se encuentran en una situación de indefensión, siendo víctimas de sus propias palabras que manifiestan los condicionantes que les atrapan.

Nuestra percepción de la realidad es totalmente particular, nunca es *la realidad*. La percibimos y elaboramos a través de nuestros propios *filtros mentales* que se han ido formando desde que nacimos. Este sistema de filtros mentales está formado por experiencias que hemos vivido, valores adquiridos, aprendizajes que hemos realizado y todas aquellas ideas que nos han transmitido sobre la vida que tomamos como certezas y nos hacen pensar, sentir y actuar de una manera determinada. Este sistema de creencias sería como un conjunto de normas y principios *escritos* en nuestra mente y bajo los cuales vivimos. Sin importar que en un momento dado tengamos la libertad o la facultad de actuar de otra manera, siempre seguiremos nuestro sistema de creencias, y en el caso de no hacerlo, nos sentiremos mal con nosotros mismos.

Todos hemos podido comprobar cómo una misma situación puede generar dos respuestas muy diferentes en personas con características aparentemente semejantes.

La capacidad de conseguir cosas y de evitarlas, de sentirnos bien y mal ante cualquier situación, de disfrutar o sufrir las relaciones familiares y sociales, de abrirnos o cerrarnos a la vida depende de nuestro sistema de creencias.

A todos nos suenan familiares expresiones como: «Los demás sí que son capaces, pero yo no». «Los ricos nunca son honrados». «Hay que conformarse con lo que uno tiene». «Me siento culpable cuando le digo no a alguien». «Nunca se puede estar bien del todo, es normal tener dolores».

Dentro de este amplio contexto de las creencias hemos escogido la línea de Eric Berne, porque de una forma muy comprensiva y cercana nos orienta a descubrir buena parte del bagaje psicológico que nos han transmitido en el ámbito de la familia a la cual pertenecemos. Berne construyó una teoría de la personalidad y de las relaciones humanas con una filosofía propia que llamó *Análisis Transaccional*. Actualmente aún se aplica para la psicoterapia, el crecimiento y el cambio personal u organizacional en numerosos campos. Sus conceptos se expresan por medio de un vocabulario sencillo y original, buscando ante todo la comprensión de los fenómenos, y sus explicaciones son intencionadamente fáciles y próximas a las vivencias inmediatas de las personas. Por ejemplo, cuando Berne se refiere a la estructura de la personalidad, representa los estados del ego de la siguiente forma:

Estado Padre

Estado Adulto

Estado Niño

Seguidamente pasaremos a diferenciar un conjunto de creencias que fueron calificadas por Eric Berne como el *guión de vida*: el plan de vida decidido en la infancia que abarca la vida entera de la persona, las creencias que *adquirimos por nosotros mismos* o con nuestro consentimiento y los *programas heredados*.

Los guiones de vida

En muchos casos, desde antes de nacer, nuestro entorno nos otorga una función que venimos a cumplir. Lo más común es que nos esperen unos padres que de una u otra manera verán alterada su vida con nuestra llegada, y esa alteración les producirá unos sentimientos específicos: el recién nacido puede ser querido por ambos padres o solo uno. Hay matrimonios que conciben que de esa manera van a salvar su relación o, en otros casos, los obliga a casarse; puede venir para complicar la vida de los padres o de uno de ellos, frustrando su carrera profesional; y por supuesto, en muchos casos será un motivo de gran felicidad para toda la familia. Independientemente de cuáles sean las funciones y sentimientos generados, así como las expectativas que los padres tengan respecto del bebé, lo transmitirán al recién nacido de una forma más o menos sutil y posiblemente repercutirá en muchos aspectos importantes de su vida futura.

En condiciones normales, la relación del bebé con la madre será muy importante porque le permitirá sobrevivir y con ella aprenderá a relacionarse. La primera vez que se sentirá diferenciado del mundo seguramente lo sentirá como resultado de la relación madre-hijo, y la actitud emocional de la madre hacia el hijo o la hija repercutirá en la impresión básica que el niño tendrá de sí mismo.

El bebé comenzará a interpretar el mundo y vivirlo a partir de las caricias de la madre y del padre, que podrán ser *positivas* cuando trasmiten actitudes de aceptación y apoyo al niño, *negativas* cuando trasmiten rechazo o *la ausencia de caricias* cuando esta va de la privación parcial a la carencia total que irá poco a poco conformando su primer marco psicológico basado en la seguridad o en la inseguridad.

El segundo tipo de relación que un niño mantiene cuando nace es con el sistema familiar al que llega, familiares que, al igual que la madre y el padre, tienen unos sentimientos generados por la noticia del nuevo integrante y unas expectativas que desean que el niño empiece a materializar a partir del nacimiento: sentimientos y expectativas que, de forma consciente o inconsciente, padres y familiares pondrán como límites al niño; la forma en que todo esto ocurra será la clave del guion de vida.

La situación en la que se encuentran los niños respecto a sus padres tiene básicamente tres aspectos importantes:

- Las necesidades físicas y emocionales que el niño o la niña tienen para poder sobrevivir.
- Las expresiones del niño o la niña que muestran de forma espontánea sus tendencias o impulsos naturales a medida que el desarrollo los vuelve disponibles.
- Las expectativas, ideas, prejuicios, sentimientos y miedos que los padres generan hacia la expresión natural y espontánea de su

hijo o hija, y que trasmiten al niño a través de sus actitudes, sus expresiones, y de forma subliminal.

Cuando estos tres aspectos interactúan, el niño o la niña se ven en una encrucijada entre querer comportarse de forma espontánea y natural, y el modo en que los padres se opongan de forma abierta o sutil a esa expresión. En estos momentos el niño tiene que decidir si sigue sus propias tendencias, perdiendo la aceptación de los padres de los que depende para sobrevivir o se reprime y consigue la aceptación de los padres.

Los mensajes

Todo lo que los padres hacen o expresan con respecto a sus hijos está dotado de significado para ellos: lo captan como mensajes que expresan la prohibición o el permiso de continuar con una conducta o expresión, señales que marcan la dirección que deben tomar en caso de encontrarse ante diferentes alternativas y sus consecuencias.

Mensajes del tipo: «Te amo tal como eres», «Me siento feliz de que seas mi hijo», «Te escucho, cariño» (mientras que con el control a distancia apago el televisor) o «Tus sentimientos son importantes para mí y deseo que los expreses»; son mensajes positivos que van creando una conciencia de valía en los hijos. Pero hay otro tipo de mensajes negativos que, en caso de aceptarlos, se encuentran en la base de los guiones de vida de fracaso, sufrimiento o final trágico. Algunos de estos mensajes son:

- «No existas», cuando se golpea a un niño violentamente o se le repite constantemente que solo causa problemas. El guión que se construye sobre este tipo de mensajes tenderá de una manera clara o solapada hacia un final trágico que girará en torno a conductas autodestructivas.
- «No seas tú», cuando alguno de los padres deseaba un hijo del otro sexo.
- «No estés bien», que puede traducirse en: «Puedes existir a condición de que estés enfermo o no estés cuerdo», mensajes que provocan la decisión de estar mal, pues esa es la única manera de sobrevivir.

- «No seas un niño», cuando se les transmite o se les exige que deben tomar responsabilidades que están por encima de sus posibilidades.
- «No crezcas», cuando los padres necesitan que el hijo o la hija sean siempre pequeños para sentirse bien.
- «No pertenezcas», cuando refleja el miedo de los padres a ser abandonados.
- «No pienses», cuando se desvaloriza la inteligencia de forma directa o indirecta de los hijos y estos obtienen sus caricias siendo confusos, estúpidos, no resolviendo problemas o solo pensando como piensan los padres.
- «No estés cerca», cuando los padres con problemas de aceptación y expresión tienen dificultad para expresar el afecto y se lo transmiten así a sus hijos.
- «No seas importante» o «No tengas éxito», cuando los padres se sienten amenazados por sus hijos.
- «No sientas» o «Siente lo que yo siento», cuando los padres no aceptan los sentimientos de los hijos.

Otro tipo de guiones también clasificados por Berne que se van instalando en el inconsciente del niño o la niña conforme van creciendo serían los siguientes:

- Guiones *Nunca*: las personas con este guión sienten que nunca tendrán lo que desean aunque aparentemente está al alcance de los demás.
- Guiones *Siempre*: se sienten impulsadas a hacer cosas que las perjudican o les producen infelicidad. Este guión tiene como base un mandato del tipo: «Ya que te atreviste a hacerlo, hazlo siempre (beber, mentir, pelear, etc.)».
- Guiones *Hasta que*: es la creencia de condición; hasta que no se cumpla una obligación generalmente penosa, no podrá ser feliz o triunfar.
- Guiones *Después de:* suelen tener la idea de sufrir una consecuencia negativa después de que pase un tiempo o suceda algo, por

ejemplo: «Después de que consiga lo que quiero, me aburriré, o ya no tendrá sentido mi vida».
- Guiones *Una y otra vez*: aunque se esfuerzan por decidir su guión y cambiarlo por uno positivo, fallan una y otra vez; siempre suceden cosas que interfieren en la concreción de sus proyectos.
- Guiones *Final abierto*: el guión termina antes de que la persona muera, por lo tanto, cuando cumplan su objetivo quedan totalmente desorientados.

Tanto los mensajes positivos como negativos transmitidos por los padres serán asimilados por los niños si esa es la única manera que tienen a su alcance de conseguir las caricias, negativas o positivas, que permitan su supervivencia.

Progresivamente el entorno del niño le va pidiendo cosas. Primero se lo pide la familia y luego, cuando su espacio social se va ampliando, por ejemplo con la escolarización, también las peticiones van creciendo. El niño recibe estas peticiones como mensajes. Por supuesto, unos mensajes tienen más peso que otros en el niño, es decir, la situación emocional del niño determina qué mensajes son captados y cuáles ignorados, así como la intensidad con que se vivirán los mensajes aceptados.

Otro aspecto muy importante sobre los mensajes es la *decisión* que el niño toma respecto a cada uno, aceptándolos o no. Esto será clave, pues el peso de un mensaje sobre un guión de vida afecta la *decisión* que la persona toma en su infancia, más que el propio mensaje. Cuando alguien realiza un cambio en su vida, lo que puede observarse son las consecuencias de su *redecisión* frente al mismo mensaje. El problema consiste en que cuando la persona está en mejores condiciones para decidir, la decisión primera persiste inconscientemente, y por tanto el mundo se sigue interpretando psicológicamente igual que cuando se tomó la primera decisión en la infancia.

Cómo se genera un guión de vida

El niño recibe *mensajes* de sus padres que le indicarán qué se espera de él; estos mensaje serán verbales y no verbales. En muchas ocasiones, los mensajes más sutiles y penetrantes para la formación de un guión son los no verbales: actitudes, gestos, muecas, sonrisas, etc. El niño tendrá unas *experiencias* que le mostrarán lo que él puede esperar. A su vez, estas experiencias provocarán en él unos *sentimientos* que tendrá permitido sentir o no.

Con todo esto el niño tomará una *decisión*: sobre sí mismo, sobre los demás y sobre lo que hará. La decisión dará lugar a la *creencia sobre sí mismo:* cariñoso, bueno, malo, tonto, listo, atractivo, astuto, que se puede engañar, capaz o incapaz de sentir afectos, etc. La combinación de cómo se percibirá el niño a sí mismo y cómo percibirá a los demás dará lugar a una *posición existencial* que se vincula a la *decisión*.

La persona realizará un *comportamiento* que coincidirá con la *creencia sobre sí mismo*: el comportamiento reforzará esta creencia, lo que a su vez hará más probable que se repita ese comportamiento. La repetición de ese comportamiento tendrá unas consecuencias que acercarán a la persona a un tipo de *final* al que a muchas veces asiste impotente, como si fuera algo impuesto desde afuera.

Tal como puede verse, el guión de vida tiene una función de *limitador de vida*. Cuanto más estrictos sean esos límites, más fácil será que ese guión sea de frustración e infelicidad. Los guiones de vida son útiles para cumplir diferentes funciones, tales como evitar la angustia, obtener la atención y el cuidado de los padres, obtener las reglas para poder moverse en la familia y en el mundo, definir a la persona y su estado de ánimo, definir a los otros y sus estados de ánimo y, por último, definir qué puede hacer y qué no puede, qué debe hacer y qué no debe.

A su vez, por el Principio de Correspondencia, la persona inconscientemente atraerá a su vida personas y circunstancias que reforzarán su guión de vida.

Otras creencias adquiridas

Además de los *guiones* que tenemos interiorizados, hay otro tipo de creencias en nuestro inconsciente que nos rigen la vida. Son creencias que hemos ido incorporando a través de nuestra experiencia en las diferentes situaciones que hemos vivido fuera del ámbito familiar, ideas que nos han transmitido determinadas personas a las que les hemos atribuido un reconocimiento, o supuestos que forman parte de nuestra cultura, de las instituciones y de los colectivos a los que pertenecemos.

Muchas de ellas serán positivas y guiarán nuestra vida constructivamente; en cambio otras nos limitarán y pueden llegar a ser destructivas.

Hay una historia ampliamente difundida de la cual no hemos podido comprobar su autenticidad, pero puede ayudarnos a ilustrar muy bien lo que suele ocurrir con las creencias, sobre todo en lo que ha venido en llamarse «cultura organizacional», que es el conjunto de percepciones, sentimientos, actitudes, hábitos, creencias, valores, tradiciones y formas de interacción dentro y entre los grupos existentes en todas las organizaciones.

En cierta ocasión unos científicos llevaron a cabo el siguiente experimento de comportamiento: se colocaron cinco monos en una jaula, en el centro de la cual se encontraba una escalera que permitía alcanzar un racimo de plátanos que colgaba del techo. En cuanto uno de los monos intentaba alcanzar los plátanos, se les rociaba a todos con agua helada, lo cual hacía que desistiera de su intento. Este proceso se repitió tantas veces como intentos por alcanzar los plátanos realizaron los monos. Finalmente, cuando alguno de los monos intentaba alcanzar los plátanos, eran sus propios compañeros los que le impedían acercarse a la escalera a base de golpes hasta que el mono desistía de su intento.

Llegados a este punto, sacaron uno de los monos de la jaula e introdujeron otro que evidentemente no había participado previamente en el experimento. Al poco de entrar en la jaula, el mono intentó encaramarse a la escalera para tomar los plátanos, pero en cuanto se acercó a la escalera, sus compañeros le agredieron a golpes ante la posibilidad de una ducha helada. El nuevo mono no entendió nada, pero tras varios intentos se dio cuenta de que no se podía acercar a los plátanos a menos que deseara ser agredido.

En este momento se sacó de la jaula a otro de los monos que empezaron el experimento y se introdujo uno que tampoco tenía ningún conocimiento del funcionamiento del mismo. Igual que en el caso anterior, el mono intentó agarrar los plátanos y cada vez que lo intentaba, todos sus compañeros de jaula se abalanzaban sobre él para impedírselo. La nota curiosa es que el mono que se introdujo a mitad del experimento y que no tenía la experiencia de haber sido rociado con agua helada también participaba en la agresión aunque sin saber por qué. Para él, simplemente, no estaba permitido acercarse a la escalera.

Poco a poco se fueron sustituyendo a todos los monos que comenzaron el experimento por otros que no habían experimentado en ningún momento el hecho de haber sido rociados con agua helada.

Cuando se sustituyó al último mono de la jaula, el comportamiento de los simios continuó igual; a poco que el nuevo mono intentó acercarse a la escalera fue agredido por sus compañeros, aunque hasta este momento nadie sabía por qué, ya que ninguno de ellos había sido rociado con agua helada. Se había establecido una regla: «Está prohibido subir por la escalera y quien lo intente se expone a una represión por parte del resto del grupo».

Otros programas heredados

En otro nivel mucho menos conocido se encuentran una serie de *programas* heredados de los padres, de los abuelos y de otros miembros consanguíneos del sistema familiar. Algunos de ellos pueden ser positivos para los descendientes y honran a quienes los precedieron, en cambio, otros programas pueden arruinar o condicionar de forma determinante las vidas de los mismos. Acostumbran ser aspectos negativos personales y relacionales que no quedaron bien resueltos en la generación que se crearon, y trascienden a generaciones posteriores.

Cuando hay hijos que tienen comportamientos similares a los de los padres, se puede suponer que han sido transmitidos en la convivencia, pero si estos comportamientos son similares a los de un abuelo en concreto con el cual el descendiente no ha tenido contacto por diferentes razones, estamos hablando claramente de una herencia anímica. En este nivel de herencia anímica se encuentran tanto conductas específicas de otros miembros anteriores como las consecuencias de los desórdenes que no quedaron resueltos.

Un ejemplo que puede ilustrarnos bien esta cuestión sería el siguiente caso:

Una madre (nos referiremos a ella como María) me comentó que su hija de 16 años había tenido relaciones sexuales con diferentes jóvenes y cuando ella reprendía su conducta y trataba de hacerla reflexionar, la hija defendía su comportamiento con la mayor naturalidad, argumentando que si le gustaba un chico no entendía por qué tenía que privarse de acostarse con él.

—Yo le he enseñado otros valores —me decía la madre.

Le pregunté por otro ascendiente familiar que tuviera el mismo tipo de comportamiento, y esta fue su respuesta:

—Mi madre (la abuela materna) hacía lo mismo que ella, y yo lo odiaba. Nos costó la ruptura familiar. Primero mi padre se separó de ella y, al cabo de un tiempo, yo también me fui a vivir con mi padre. Pero mi hija nunca aprendió este comportamiento de mi madre, pues murió cuando ella tenía seis años, y hasta entonces yo me encargué de que la viera lo menos posible.

Esta fue precisamente la razón de que la joven representara a la abuela en su generación. La abuela había sido rechazada y excluida de la familia por María. Esta acción transgrede una ley sistémica que se denomina el Derecho a la Pertenencia y, como consecuencia, lo que María rechaza en su madre lo representa su hija viviéndolo como un programa natural que ha tomado en ella mucha más fuerza que los valores que intentó enseñarle su madre.

Más adelante trataremos detalladamente sobre las *cargas familiares* haciendo referencia a esta herencia anímica transgeneracional. Pues suele ocurrir que al no ser suficientemente conocida esta cuestión, no es investigada ni tratada adecuadamente, ni siquiera por muchos psicoterapeutas profesionales, llegando a suponer que la persona afectada por una carga familiar es víctima de su personalidad o de la mala suerte y creen equivocadamente que su problema no tiene solución.

IDENTIFICACIÓN DE ESTRATEGIAS NEGATIVAS

El hombre honesto no teme la luz ni la oscuridad.
Thomas Füller (Historiador y capellán real)

DE IGUAL MODO que ocurre con nuestro organismo, el cual tiende a la autorregulación (o, lo que es lo mismo, la capacidad de resistir cualquier cambio extremo a través de una serie de mecanismos y sistemas biológicos), las personas también tenemos nuestros recursos psicológicos para realizar una función similar y proteger a la propia conciencia del sufrimiento.

Así pues, toda persona desde su nacimiento tiene que enfrentarse a una serie de aspectos de la realidad que no reconoce o no quiere reconocer y que por tanto rechaza. Todo lo que la persona rechaza va acumulándose en el inconsciente y reaparece en las relaciones de la vida cotidiana en forma de respuestas automáticas que la persona no controla.

A veces, por causas externas como una situación embarazosa, o internas como puede ser un recuerdo desagradable, se ponen en marcha de manera espontánea e inconsciente los llamados *mecanismos de defensa*: las estrategias que la persona desarrolla para protegerse frente a la ansiedad.

Estas estrategias de nuestra mente se encuentran en la frontera entre el consciente y el inconsciente con el fin de salvar en lo posible nuestra autoimagen, protegiéndola contra cualquier información que provenga del inconsciente y que sea identificada por el consciente como un peligro. De esta manera los temores, odios, culpa, amargura y demás sentimientos negativos que nos dan a conocer que no somos tan valientes, ni tan honestos, ni tan brillantes, ni tan justos, ni tan desinteresados como nos gustaría vernos, son los mensajes que nos causan la angustia, la tensión y el malestar que intentamos evitar con la ayuda de estos mecanismos para neutralizar su impacto.

El inconveniente de estos recursos psicológicos instintivos es el hacer crónicas las zonas oscuras que todos tenemos en nuestro inconsciente. Esto ocurre y se refuerza cada vez que evitamos sufrir la aceptación de uno de nuestros aspectos negativos.

El proceso de liberación de este lastre de emociones y concepciones negativas comienza cuando tomamos conciencia de nuestra dinámica mental: los diferentes comportamientos y recursos que utilizamos para mantener la estabilidad interior o la liberación de las tensiones.

Con el fin de conocer mejor este tipo de respuestas psicológicas que se activan de forma automática, presentamos a continuación los *mecanismos de defensa* más típicos, *las resistencias*, el afán de *suplir las necesidades esenciales* no satisfechas y la *adopción de sustitutos*.

Los mecanismos de defensa

La transferencia

Este tipo de conducta tiene lugar cuando relacionamos a una persona o situación que pertenece al presente con otra del pasado y reaccionamos ante la experiencia actual de acuerdo a las emociones y sensaciones que tuvimos con aquella. Este mecanismo se da con mucha frecuencia porque nuestro inconsciente funciona más por asociación que por razonamiento; entonces, cuando crea una asociación de una experiencia negativa del pasado con una del presente (la cual no tiene por qué ser negativa), activa la alerta y las respuestas de defensa injustificadamente.

Por ejemplo, una mujer que sufrió la infidelidad de su marido, cuando comenzó una nueva relación se sorprendió a sí misma al comprobar cómo desarrollaba unos celos exagerados.

El desplazamiento

Muchas veces dirigimos nuestras emociones negativas hacia otra persona u objeto que no es el problema para liberar la tensión que hemos reprimido anteriormente. Este era el caso de una mujer que trabajaba en una oficina de reclamaciones y debía ser amable con todos los que traían sus quejas. Pero, cuando llegaba a casa, descargaba de forma incontrolada su malestar a los miembros de su familia.

Las barreras psicológicas que contienen nuestras emociones están en algunas situaciones y no lo están en otras; por esa razón usamos como «chivo expiatorio» a las personas de más confianza, ya que con ellas no corremos el riesgo de sufrir las consecuencias y las barreras desaparecen, pero a su vez necesitamos justificar nuestra conducta atribuyéndole la causa a la otra parte.

La compensación

Cuando se está haciendo una acción o una actividad extra innecesaria, muy posiblemente se esté cayendo en la trampa de compensar un sentimiento interior de carencia. Es la manera de neutralizar la inseguridad o el malestar que se experimenta al tener que reconocerla o enfrentarse a ella. Muchos padres ausentes compensan a sus hijos gratificándolos con toda clase de caprichos para recibir de ellos una momentánea expresión de cariño y gratitud. De esta manera intentan neutralizar sus sentimientos negativos por darles tan poca atención.

Otra forma de compensación muy común es el servilismo. Se lo confunde con el amor, pero en el fondo no lo es, porque no busca el bien del otro sino su aprobación. Cuando una persona necesita algo que no puede hacer por sí misma, y otra lo hace por ella, ese es un acto de amor. Si alguien tiene una responsabilidad y no la cumple por hacer otra cosa, el que tome su lugar está haciendo un acto de servilismo.

La racionalización

Las personas se dan a sí mismas explicaciones que no son del todo verdaderas, pero les sirven para convencerse de algo y evitar aquello que les crea ansiedad. De esta manera, tanto al propio comportamiento como al que soportan de otros les dan un sentido tolerable y racional; eso les ayuda a aceptarse mejor a sí mismas y a sentirse en control de todo lo que les pasa.

Un hombre que compró un vehículo de segunda mano se encontró a un amigo que entendía de automóviles y le comentó su adquisición. Cuando el amigo se enteró del precio que había pagado y le dijo que lo habían estafado, automáticamente el comprador comenzó a describirle una serie de ventajas del vehículo para tratar de compensar lo mal que le había hecho sentir el comentario de su experto amigo.

La negación

Consiste en la no aceptación de una realidad que resulta ofensiva o amenazante. Al negarla se intenta eliminar la ansiedad de reconocer las propias debilidades ante los demás con el riesgo de potenciarlas mucho más. Esta realidad puede ser una situación que la persona rechaza vivir, un sentimiento producido por un deseo inalcanzable, un recuerdo desagradable o un rasgo de personalidad no aceptado, los cuales son percibidos por la persona como un atentado contra su dignidad y le resultan difíciles de reconocer.

Hemos visto casos muy tristes a causa de la negación, como el de una madre con su hijo visiblemente alcoholizado repitiendo: «No está pasando nada, todo está bien».

O aquel adolescente que presentaba comportamientos realmente alarmantes, como robar en las casas de los vecinos y en las de su propia familia, desvalijar vehículos que estaban en la calle y sustraer artículos de las tiendas. Cuando lo confrontamos con el padre, lo justificaba argumentando que eran cosas de la adolescencia.

¿Por qué es tan difícil aceptar que tenemos un problema, que no sabemos cómo resolverlo y que tal vez estemos equivocándonos? Quizá porque la mayoría de nosotros hemos crecido dentro de sistemas familiares, escolares y sociales en los que aprendimos que cometer un error es vergonzoso, así como tener un problema y no saber cómo enfrentarlo o necesitar ayuda. Todo esto lo vemos como signo de ignorancia o debilidad y, por lo tanto, preferimos ocultarlo porque afecta a nuestra dignidad personal.

IDENTIFICACIÓN DE ESTRATEGIAS NEGATIVAS

Estos sentimientos negativos que todos tenemos son tan mal vistos socialmente que aprendemos a reprimirlos, a negarlos o distorsionarlos para ser aceptados por quienes nos rodean. Entonces, poco a poco nos convertimos en expertos en negación y vamos por la vida, a veces durante años, mintiéndonos a nosotros mismos, porque la negación es eso, una gran mentira que sostenemos al costo que sea para no enfrentar una realidad que nos resulta muy amenazante.

Hay más razones para mantener la negación aparte del miedo a sentirnos indignos, tales como la comodidad o el temor a las consecuencias de una acción responsable, ya que si reconocemos que hay un problema también deberemos hacer algo para resolverlo. Aunque parezca increíble, muchas personas continúan en la negación aun después de ver evidencias clarísimas del problema.

Nos hemos encontrado con cónyuges que miran hacia otro lado ante la infidelidad de su pareja, por no entrar en un proceso difícil para el cual no siempre están preparados.

De esta forma actúa el mecanismo de la negación: no es que estas personas estuvieran intencionalmente evadiendo la realidad, sino que en verdad no son capaces de verla como los demás, porque reconocerla implicaría tocar cargas enormes de miedo, de culpa, de impotencia y tener que tomar decisiones drásticas y difíciles.

Otra de las causas que puede mantenernos atrapados en la negación es creer que el tiempo irá resolviendo las cosas por sí mismo. Todos hemos escuchado a personas decir a alguien que está pasando por alguna situación difícil: «Ya no pienses más en eso». Quizá en alguna ocasión puede ayudar a aliviar la angustia, pero la experiencia demuestra que muchos problemas que se encuentran en fase de gestación con el tiempo se van desarrollando y luego son muy difíciles de resolver por haberse arraigado con más fuerza.

La proyección

Es el proceso de atribuir a otros lo que nos pertenece, aquellas características propias que nos parecen inaceptables como la irresponsabilidad, la deshonestidad, el miedo, el orgullo, el egoísmo, la envidia y muchas otras que se encuentran en lo profundo de nuestro ser y tendemos a rechazarlas inconscientemente, atribuyéndolas o proyectándolas sobre las personas que nos rodean. Pero ¿es posible que existan relaciones donde la proyección no ocurra? La respuesta, en principio, es «no». Sin embargo, este mecanismo de defensa también tiene sus ventajas si sabemos aprovecharlas, ya que puede ser un eficaz medio de autoconocimiento, pues los demás funcionan como excelentes espejos que nos permiten ver nuestros rasgos funcionales y disfuncionales, lo cual sería muy difícil identificar de otro modo. Por eso las personas que nos caen mal son una maravillosa fuente de información para detectar lo que no hemos solucionado dentro de nosotros mismos.

La proyección es una conducta muy generalizada. Existe una predisposición a hablar de los aspectos negativos que nos parece ver en los demás, pero se da el fenómeno siguiente: cuanto más nos molesta un rasgo personal o un comportamiento de otra persona, más presente se encuentra en nosotros.

Un empleado se quejaba constantemente de su jefe porque decía que le ignoraba a la hora de compartir cualquier decisión o comentario sobre el trabajo. Por su parte, este empleado tenía fama en el edificio de apartamentos donde vivía de cruzarse con sus vecinos y no responder al saludo de nadie.

Las resistencias

La resistencia psicológica es todo impulso que se opone a reconocer lo que es, a experimentar emociones o ideas con las que no nos sentimos bien. Estas emociones e ideas se encuentran en la zona inconsciente de nuestra mente y generalmente nuestros mecanismos instintivos intentan protegernos del sufrimiento bloqueando el acceso a este material no aceptable. Este mecanismo de protección nos impide avanzar en muchos aspectos de nuestra vida, especialmente en los de crecimiento personal y sanación emocional.

Es importante remarcar que deshacernos de la resistencia no significa que debamos dejar que otros tomen el control sobre nosotros. Más adelante aprenderemos que podemos seguir defendiendo lo correcto sin ningún tipo de resistencia. Por ejemplo, algunas de las artes marciales demuestran claramente cómo vencer al contrario aplicando la no resistencia, tales como el aikido o el judo. De esta manera, cuando el contrario ataca, al no ofrecer resistencia puede usarse esta fuerza en su contra.

El mecanismo de la resistencia a veces actúa de forma paradójica oponiéndose a cosas que realmente nos gustan, nos interesan y no nos harían sufrir, pero las circunstancias que acompañan al objeto sí pueden por sí mismas generar un impulso contrario a lo que deseamos.

Por ejemplo, vivimos en un ambiente de imperativos tales como los «deberías», y muchas de las veces que nos enfrentamos a alguno de ellos es fácil experimentar una reacción contraria. No necesariamente puede presentarse como una reacción fuerte, en ocasiones será tan sutil como una dilación o una evitación.

Otra forma sutil de resistencia puede ser el olvido. Tal vez nos ocurra con cosas que son importantes, o sin darnos demasiada cuenta nos vayamos alejando de cosas que nos son de utilidad; posiblemente las hemos convertido en un «debería».

La inercia psicológica es una de las formas más comunes de resistencia. La persona tiene una fuerte tendencia a seguir aferrada a sus opiniones, a hábitos adquiridos, ideas, paradigmas y diferentes tipos de aprendizajes en un estado mental que no permite ver cosas nuevas o diferentes porque generan algún sentimiento de inseguridad.

Otras veces nos enfrentamos a un hábito o a una conducta que deseamos eliminar de nuestro repertorio, nos decimos con sinceridad que no volveremos a hacerlo, pero la realidad es que seguimos haciendo lo mismo y con mayor intensidad o frecuencia.

La más chocante de todas es la resistencia por *beneficios secundarios*. En este caso la persona no quiere deshacerse del síntoma para no perder lo que obtiene por medio de su dolencia, ya sea atención, reconocimiento o cualquier otro estímulo que alimenta alguna de sus carencias.

La resistencia psicológica es un ingrediente que generalmente se encuentra presente en cualquier proceso de autodescubrimiento o de sanación interior. Suele estar relacionada con el temor a no querer afrontar algo, a descubrir aspectos personales que nos impiden sentirnos bien, o a descubrirnos ante alguien. Es el mismo mecanismo que actúa en la represión de nuestras emociones o pensamientos que se encuentran en el origen del problema.

El afán de suplir las necesidades esenciales no satisfechas

Cuando Dios creó al ser humano lo dotó de una serie de facultades únicas entre todas las especies de seres vivos. Junto con ellas le asignó unas necesidades a su cuerpo y a su alma que desde entonces ha intentado satisfacer para sentirse bien consigo mismo y con lo que le rodea. Desde el mismo momento en que la persona nace, sus necesidades tanto físicas como anímicas no pueden ser satisfechas por sí mismo. Evidentemente, necesita la participación de quienes lo cuidan y se relacionan con él. Los que cuidan del niño no siempre están lo suficientemente dispuestos y acertados para dar satisfacción a estas necesidades. Toda necesidad que no se satisface crea algún tipo de estado anímico anómalo como ansiedad, desánimo, soledad, menosprecio, inseguridad, inferioridad, tristeza, celos, rabia, aburrimiento y otros similares.

Para evitar estos sentimientos, el instinto del niño o de la niña los lleva a poner en marcha sus mecanismos de defensa y compensación, generando alguna acción para poder neutralizar o compensar su insatisfacción.

Lo mismo ocurre con las personas adultas; tienen las mismas necesidades esenciales que cuando eran niños, aunque muchas veces se manifiestan con diferentes apariencias. Por ejemplo, a un niño de tres años, que su padre disfrute de una economía sólida no le da ningún tipo de seguridad, aunque sí a su padre. Tanto uno como el otro tienen la necesidad de sentirse seguros, pero la seguridad la experimentan a través de medios diferentes.

Abraham Maslow, en su obra *Una teoría sobre la motivación humana*, formula una jerarquía de necesidades humanas y sostiene que conforme se satisfacen las necesidades más básicas (parte inferior de la pirámide), los seres humanos desarrollan necesidades y deseos más elevados (parte superior de la pirámide).

Para tomar una mayor consciencia de estas necesidades esenciales vamos a describirlas a continuación.

- *Todos necesitamos sentirnos amados.* La necesidad anímica fundamental de cualquier ser humano es el amor y, por medio de él, la unidad. Sentirse unido a alguien, disfrutando de su unidad y pertenencia, es la necesidad que cubren los padres en los primeros años de vida del hijo, cuando su dependencia es total.

Generalmente los niños perciben de sus padres si el amor que estos les profesan es auténtico, porque si realmente es así, este amor los nutre y satisface su necesidad esencial. En el caso de que el niño reciba los cuidados que necesita pero no amor auténtico, presentará una serie de comportamientos dirigidos a conseguir sustitutos de ese amor. Por ejemplo, la atención de los padres cuando se siente ignorado, aunque para tenerla le cueste una reprimenda. Más tarde podrá ser la adicción a los videojuegos, o siendo adultos los veremos buscando constantemente la aprobación de los demás por medio del servilismo o de la victimización.

Aunque la necesidad de amor acompaña siempre a la persona a cualquier edad porque forma parte de su esencia, quien lo ha recibido desde su más tierna infancia no necesita gratificarse constantemente, ni exigir la atención de otros. Se siente bien por sí misma sin caer en dependencias, y su autoestima no se encuentra maltrecha.

- *Todos necesitamos sentirnos seguros.* La necesidad de seguridad está ligada al instinto de supervivencia, y no se refiere solo a seguridad física, sino también a la psicológica. Es la capacidad de evitar el dolor y buscar o aumentar el bienestar.

Como humanos, necesitamos sentir que tenemos el control de nosotros mismos y de nuestros destinos. Necesitamos sentir que tenemos opciones y que podemos elegir entre ellas. Necesitamos saber que podemos influir en nosotros mismos y en el entorno. Necesitamos sentir que estamos en nuestra zona de confort en la que evitamos el estrés.

Los padres son la mayor fuente de seguridad para los hijos y lo natural es que cuando están a su lado se sientan confiados y tranquilos, sin temor al presente ni al futuro, que no se sientan condicionados por algún tipo de peligro y puedan desarrollarse tal como son.

Entonces, la base de nuestra seguridad radicaría en la confianza que nuestros padres nos han inspirado. Esta confianza es imprescindible para desarrollarnos de forma equilibrada y con seguridad en nosotros mismos. En el caso de no haber sido así, tendremos tendencia a la inseguridad, a la necesidad de satisfacer el sentimiento interno de inseguridad de la forma que sea, manifestando diferentes desajustes.

- *Todos necesitamos sentirnos valorados.* Es un aspecto fundamental de nuestra dignidad como personas; nos duele profundamente cuando nos sentimos menospreciados o tratados indignamente. Hay algunas personas que confunden el *reconocimiento* por lo que uno puede hacer con el *valor* de lo que uno es. Confundir estos dos conceptos es una trampa que esclaviza a la persona y puede obsesionarla.

  Los niños y las niñas necesitan sentir que son importantes para sus padres, que tienen auténtico valor por sí mismos, que no son algo que toman y dejan según las conveniencias ni que pueden quererlos o maltratarlos dependiendo de su estado de ánimo. Valorar a una persona es darle reconocimiento por lo que es, aceptándola tal como es sin querer cambiarla, juzgarla, o ridiculizarla.

  Cuando esta necesidad no ha sido satisfecha, la persona intentará conseguir el reconocimiento de otros por medio de diferentes logros como títulos académicos o éxitos profesionales. Tratará de ser el centro de la atención siendo protagonista en cada lugar donde vaya, estando siempre a la moda, criticando a los demás o cayendo en el perfeccionismo para tratar de paliar esa necesidad esencial insatisfecha.

- *Todos necesitamos encontrarle sentido a nuestra vida.* Desde temprana edad ya puede apreciarse en los niños y en las niñas su respuesta ante las oportunidades que la vida o los padres les conceden de sentirse útiles, o de hacer cosas que les parecen importantes. Cualquiera puede ver cómo le brillan los ojos al niño o la niña que está ayudando a su mamá o a su papá y este se lo reconoce. «Con tu ayuda he podido terminar la comida a tiempo». Entonces el niño se siente útil, que sirve para algo. Se concibe a sí mismo como capaz y competente, que el esfuerzo vale la pena, y se siente realizado como persona. Cuando se hace adulto sabe encontrar sentido a todo lo que hace, y si sus circunstancias cambian tiene la capacidad de darle nuevo sentido a la nueva situación.

Muy al contrario, cuando el niño escucha: «Sal de aquí, que me estás estorbando». «Siempre que te pido algo me das el doble de trabajo». «Todo lo enredas...» y otras expresiones similares, el niño ahoga esta necesidad sumergiéndose en actividades que le dan un placer temporal y dependiente de la actividad y del objeto que usa como sustituto. Más tarde, cuando sea adulto, al no haber desarrollado la capacidad de encontrar sentido a su vida, se aferrará a cosas externas que se lo den, y si alguna de estas falla posiblemente se hunda en una depresión. No hay mayor oscuridad para una persona que la de haber dejado de encontrarle sentido a su vida.

- *Todos necesitamos disipar la energía sobrante.* Las personas tomamos y utilizamos energía de diferentes fuentes y maneras; la tomamos a través de la comida y la utilizamos a través de las funciones orgánicas, del ejercicio y de la actividad psicofisiológica. Cuando engordamos, nuestro cuerpo acumula energía sobrante; pero también lo hace cuando reprimimos emociones generadas por nuestra experiencia diaria.

Todos los niños tienen la facultad natural de liberar la energía sobrante a través de diferentes medios de expresión o de comportamiento, pero los padres necesitan educarlos y moldearlos conforme a una serie de criterios personales y culturales; tanto estos criterios como la forma de hacerlo van entrenando al hijo a reprimir energía que necesita liberar, y conforme se va convirtiendo en adulto van generándose diferentes desajustes que luego quieren ser cobrados.

Si no aprendemos a liberar la energía que reprimimos con las emociones que no nos permitimos expresar tiempo atrás, o las que vamos acumulando a través del resentimiento o del rencor, creamos un desequilibrio interior que puede causar innumerables trastornos, enfermedades o cambios significativos de comportamiento.

Así pues, de la misma manera que tenemos la necesidad imprescindible de proveernos de energía, también la tenemos de liberarnos de la energía sobrante, sobre todo de aquella que se ha convertido en energía negativa porque actúa en contra de nosotros, puesto que cuando debía ser liberada la reprimimos y la hemos retenido.

Los sustitutos

Cuando una persona come más de lo que necesita o de lo que debe, la comida suele convertirse en el sustituto del amor. Con toda seguridad, su necesidad afectiva no fue satisfecha en su momento e instintivamente la compensa con otro elemento gratificante que «llene» la sensación de vacío. Esta asociación tiene una relación directa con la relación que se establece en los primeros meses de vida entre el niño, la madre y la necesidad de alimentarse. Cuando un niño nace, su primer alimento y su primer amor es lo mismo: la madre. Así que hay una profunda asociación entre la comida y el amor en condiciones naturales: el bebé se alimenta de la madre y al hacerlo le expresa amor. Poco a poco irá diferenciando una cosa de la otra, pero si sufre una carencia afectiva el sustituto que tiene más posibilidades de ser elegido inconscientemente es la comida.

El gran problema es que el sustituto nunca satisface por sí mismo la necesidad real que la persona tiene, y a causa de esto se generan los malos hábitos, las dependencias y finalmente las adicciones.

Para que una persona pueda evolucionar anímicamente debería recibir en cada etapa de su vida la satisfacción a las necesidades esenciales de la manera que le son propias. Si no ocurre así, la única salida real es que la persona pueda tomar conciencia de su necesidad esencial insatisfecha y aceptar profundamente su carencia e integrarla como parte de su evolución y realización personal. Cuando la persona no lo hace así por desconocimiento o por rebeldía, suele caer en una de estas dos alternativas: la desesperación o la utilización recurrente de sustitutos.

Siguiendo con el ejemplo del trastorno de la conducta alimentaria, la compulsión con la comida o la negación a comer pueden estar directamente relacionadas con la desesperación en el nivel emocional. Es parecido al sentimiento que puede experimentar el niño cuando no hay nadie en casa; entonces podemos volvernos compulsivos para cambiar la experiencia, pero en realidad lo único que necesitamos es amor. Si no nos han amado, reconocido y entendido bien, nos las arreglamos para adaptarnos a la situación; rebajamos nuestras expectativas, dejamos de pedir lo que necesitamos, de esperar que nos reconozcan, y empezamos a buscar estrategias sustitutivas para compensar la necesidad de nuestra alma.

El amor y la compulsión no pueden coexistir. La compulsión es el acto de centrarnos en una actividad, en una sustancia o en una persona para sobrevivir y para tolerar o amortiguar nuestra experiencia de dolor. En cambio, el amor es un estado de conexión recíproca que incluye la entrega, la experiencia y el genuino aprecio. La compulsión es un estado de aislamiento caracterizado por la absorción en nosotros mismos, la vulnerabilidad, la baja autoestima y el miedo a que nuestro dolor nos destruya si lo afrontamos. Nos pasamos el resto de la vida comiendo, bebiendo, fumando o trabajando para no tener que regresar jamás a aquel lugar donde se encuentra la causa real de nuestro problema; así procuramos no sentir nunca el dolor insoportable del corazón destrozado.

Si tomamos otro ejemplo tal como el *perfeccionismo*, nos encontramos que los perfeccionistas carecen de autoaceptación, un ingrediente realmente básico que todos necesitamos. De alguna manera, los perfeccionistas han aprendido que no son aceptados a menos que satisfagan ciertas pautas o determinados rasgos de carácter, y eso los convierte en personas especialmente susceptibles a los mensajes que interpretan como que no son lo suficientemente buenos hasta que no excluyan el mínimo error de cualquier cosa que hagan.

Así pues, los tipos de sustitutos que las personas pueden utilizar para suplir o compensar las carencias de sus necesidades esenciales son muchos y, cuando se consolidan, se manifiestan como adicciones que podríamos categorizar en varios grupos:

Adicción a las sustancias tales como: el beber alcohol, el consumir drogas, el tabaquismo, la farmacodependencia, la adicción a estimulantes como la cafeína y la comida excesiva o su negación.

Adicciones a las actividades tales como: la ludopatía (el juego en cualquiera de sus formas), la cleptomanía (impulso de robar objetos), la pornografía, el vandalismo, los hobbies, la tecnofilia (adicción a las nuevas tecnologías), el ejercicio físico, el fanatismo religioso, y el trabajo.

Adicciones a las relaciones tales como: algunos tipos de relaciones familiares y extrafamiliares, el enamoramiento recurrente, el descontrol sexual y la práctica de sus variaciones o perversiones, la codependencia, la necesidad de pertenencia a grupos o instituciones o el afán de poder.

Adicciones a los pensamientos tales como: pensamientos recurrentes u obsesivos, el perfeccionismo, el pensamiento rígido, la preocupación, las fantasías o la mitomanía (adicción a mentir).

Adicciones emocionales tales como: la ira, el odio, la culpa, los celos, el miedo, la envidia.

Por supuesto, lo que comienza siendo un sustituto para compensar una necesidad interior puede acabar convirtiéndose en una enfermedad física, psicoemocional y espiritual tal como se considera a las adicciones, manifestando los ingredientes típicos de obsesión y compulsión.

LA SOMBRA

Realmente no me entiendo a mí mismo, porque quiero hacer lo que es correcto pero no lo hago. En cambio, hago lo que odio.
Pablo de Tarso (apóstol de Jesucristo)

Detrás de la persona que aparentamos ser se esconden todo tipo de emociones, memorias de experiencias, creencias, programas de conducta, imágenes y un sinfín de registros que en su momento fueron desterrados por la parte consciente de nuestra personalidad a causa de no recibir la aceptación del entorno en el que hemos crecido. Esta región áspera e inexplorada para la mayoría de nosotros es conocida en psicología como la *sombra personal*.

La *sombra personal* se desarrolla en cada uno de nosotros de manera natural durante la infancia. Siempre que nos identificamos con un determinado rasgo o cualidad positiva de personalidad que nuestro entorno familiar o social aprueba y refuerza, vamos enviando al lado oscuro de nuestra mente aquellas cualidades opuestas o relacionadas negativamente con la primera, las cuales serían rechazadas o sancionadas por las personas significativas para nosotros. De esta manera la parte consciente de nuestra personalidad y la sombra van construyéndose simultáneamente, alimentándose muchas veces de los diferentes aspectos de las mismas experiencias.

Por ejemplo, cada valor que asimilamos y forma parte de nuestra personalidad tiene su contravalor correspondiente en la sombra.

Hay muchos factores que contribuyen a la formación de nuestra sombra y determinan lo que está permitido y aquello que no lo está. Por ejemplo, los padres y demás miembros de la familia, los maestros, la cultura o la religión. Todos ellos constituyen un entorno complejo en el que vamos aprendiendo cuáles son las conductas adecuadas que tendrán su aceptación y reconocimiento y cuáles serán calificadas de despreciables y nos confrontarán con su rechazo. De esta manera, todo lo que es repelido por la parte consciente de nuestra personalidad y desterrado a la sombra alimenta el poder oculto del lado oscuro de nuestra naturaleza humana.

Solo podemos ver a la sombra indirectamente a través de las conductas de los demás, no en nosotros mismos. La razón es que la sombra se encuentra en el lado inconsciente de nuestra mente, de la misma forma que la luna tiene su lado oscuro y no podemos ver los dos al mismo tiempo; cuando nosotros centramos la atención en algo determinado, a su vez la descentramos de su contexto. Es imposible estar en ambos lugares a la vez. Así pues, cuando sentimos fuerte admiración o rechazo ante una determinada cualidad de otra persona, seguramente nos hallamos bajo los efectos de la sombra. Cuando los prejuicios y la crítica exacerbada nos impiden relacionarnos con algún familiar, con algún amigo, con los vecinos, con los colegas o con los extranjeros, está actuando nuestra sombra como una parte no integrada de nuestra psique. De este modo pretendemos expulsar a la sombra de nuestro interior proyectando y atribuyendo determinadas cualidades a otros en un esfuerzo inconsciente por desterrarlas de nosotros mismos.

La tradición cristiana también prestó especial atención a la sombra. En sus orígenes se reconocía que el mal se encuentra en cada uno de nosotros. El apóstol Pablo, como buen psicólogo y profundo conocedor de la naturaleza humana, se daba cuenta de que la sombra estaba presente en su interior, y era consciente de su lucha para que su parte consciente tomara el control de su vida. Por eso expresó unas frases cargadas de dramatismo: «Realmente no me entiendo a mí mismo, porque quiero hacer lo que es correcto pero no lo hago. En cambio, hago lo que odio»[1]. Más tarde esta

---

[1]. Romanos 7:15, NTV

comprensión profunda de la naturaleza humana se ensombreció y los cristianos terminaron identificándose exclusivamente con el bien, obviando la necesidad de integrar la sombra. Además, a partir de la Edad Media no solo eran malas las acciones que se apartaban de la ética cristiana, sino también los pensamientos. Como resultado, los mecanismos mentales de represión se hicieron más fuertes y la sombra fue hundiéndose más en el submundo mental abriéndose un abismo interior cada vez más difícil de salvar.

De esta manera muchos sectores cristianos perdieron el contacto con la sombra, demonizándola. Las consecuencias son que esta lucha abierta contra el mal y el diablo implica un gran sufrimiento personal y continuas frustraciones, puesto que la persona se encuentra luchando contra sí misma la mayoría de las veces y no contra «poderes exteriores» y, aunque muchos afirmen que el cristiano se encuentra libre del «poder del pecado y del diablo», la realidad es que su sombra sigue con él y requiere ser tratada adecuadamente para poder ser integrada.

Todo lo que pensamos y hacemos está limitado por nuestro inconsciente, y este hecho nos impide poder cambiar aspectos negativos de nuestra personalidad, puesto que al no ser conscientes de ellos tampoco podemos hacer algo para transformarlos. Los mecanismos mentales de defensa suelen ser los mayores responsables de esta indefensión pues, a través de ellos, mantenemos el estado de inconsciencia. Solo por medio de la conciencia y la aceptación podemos avanzar en el proceso de transformación.

Descubrir la sombra y mantener una relación correcta con ella nos conecta mucho más con nosotros mismos y expande nuestra identidad al acceder a todo nuestro potencial psicológico. Entonces dejamos de verla como un monstruo diabólico puesto que, como dice Jung: «La sombra solo resulta peligrosa cuando no le prestamos la debida atención». En cambio, al trabajar con ella e integrarla conseguimos aumentar nuestro autoconocimiento y aceptación, encauzamos de manera más adecuada las emociones negativas que nos asaltan y nos invaden en cualquier momento, nos liberamos de la culpa y reconocemos las proyecciones para poder sanar las relaciones y avanzar en el proceso de transformación personal.

Trabajar en integrar y sanar la sombra es una cuestión de necesidad moral que nos lleva a reconocer aquello que hemos reprimido y por qué; además, nos muestra cuáles son las estrategias de defensa que empleamos engañándonos a nosotros mismos y el daño que hemos hecho o que podemos hacer a otros.

Por otra parte, sanar la sombra es una cuestión de autoestima, pues suele ser más difícil amarnos de forma integral que sentir amor hacia otros. El problema está en aceptar aquellos aspectos de nosotros que consideramos despreciables y mostrar la suficiente compasión hacia nuestras debilidades para tratar con ellas de forma positiva.

La transformación real no viene tanto por intentar potenciar el bien en nosotros y obviar lo negativo que tenemos, sino por descubrirlo, reconocerlo, aceptarlo e integrarlo para que deje de crear tensión interna. Para sanar nuestras debilidades, la ceguera, la insensibilidad, la crueldad, la obstinación o la falsedad, deberemos comenzar por abrirnos a escuchar nuestra sombra con una nueva actitud, nunca como nuestra enemiga.

En algún momento deberemos encontrarnos con nuestra sombra y confrontarnos con nosotros mismos; es imprescindible para crecer interiormente y desarrollar nuestra madurez personal. Esto significa comenzar a hacer el inconsciente consciente, y permitir que su gran carga de negatividad vaya diluyéndose. Conocemos la capacidad destructiva de la sombra, cómo es capaz de arruinar muchas vidas a través del caos mental, de desequilibrios emocionales, incapacitaciones, diferentes tipos de trastornos mentales y de enfermedades físicas.

La buena noticia es que podemos actuar en todos estos desajustes alcanzando nuestra sombra y actuando sobre ella de una nueva forma, descubriendo una realidad liberadora, restaurando el equilibrio interior, la aceptación personal, la confianza en nuestras capacidades reales y la paz interior que permite fluir nuestro potencial bloqueado hasta alcanzar todas las áreas de la persona.

CAOS EMOCIONAL Y ENFERMEDAD

Toda la energía que no se dirige a crear, se dirige a destruir.
Erich Fromm (Psicoanalista y filósofo)

Tal como hemos visto anteriormente, no podemos desconectarnos de nuestras emociones o eliminarlas de nuestro repertorio de experiencias. Las emociones no son opcionales, sino que son parte de nuestro programa de comportamiento, nos dan una referencia de lo que sucede en un momento determinado y la energía adecuada para actuar en cada situación.

Desde pequeños nos han enseñado a controlar nuestras emociones desarrollando diferentes estrategias, tales como negarlas, racionalizarlas o simplemente reprimirlas, pero el resultado siempre será una desintegración anímica, una pérdida de contacto con nosotros mismos.

Según cómo los adultos manejen la expresión emocional de sus hijos, así irá perfilándose el repertorio emocional que el niño se permite expresar. Los padres les transmiten a sus hijos qué es aceptable expresar y qué no lo es; esto lo hacen de forma verbal y no verbal indicándoles explícitamente que, por ejemplo, el enfado no es correcto «porque un niño bueno no tiene ese comportamiento».

Cuando los niños no se sienten libres de expresar sus emociones, no aprenden a liberarlas, cuando lo natural es su expresión. Tanto la alegría como la rabia forman parte del mismo conjunto de emociones, y al reprimirlas no se aprenden formas sanas de expresarlas.

Muchos niños aprendieron que es bueno expresar la alegría, pero cuando expresan enfado están haciendo algo malo y se sienten culpables. Por esa razón procuran ser siempre personas educadas, amables y correctas reprimiendo lo que sienten, pero cuanta más carga emocional guardan peor se sienten.

Cuando reprimimos las emociones no deseadas, aunque hayamos adquirido habilidad y lo hagamos de forma disciplinada, nunca conseguiremos que desaparezcan, siempre seguirán presentes en nosotros pero expresándose de otras maneras tales como insomnio, tensión corporal, compulsividad, estados emocionales disfuncionales, adicciones y un sinfín de formas que se manifestarán en síntomas físicos y psicológicos.

Como todos sabemos, la energía, por principio físico, no se crea ni se destruye, solo se transforma. Las emociones son esencialmente energía y cuando las reprimimos evitando que se expresen por medio de las palabras, del llanto o de cualquier otra forma de expresión, se transforman en enfermedades tales como los problemas digestivos, cardiovasculares, depresión, ansiedad o cualquier otra manifestación anómala.

Cuando reprimimos las emociones impidiendo su expresión, su fuerza se encauza hacia nuestro interior. Por ejemplo, al reprimir la ira, la tensión muscular que debería liberarse en los músculos orientados hacia el exterior, al responder como ataque, se redirecciona hacia adentro traspasando esa carga a diferentes partes del organismo. Con el paso del tiempo y la acumulación de energía reprimida, los síntomas que puede sufrir una persona son múltiples.

Resulta ineficaz y más bien dañino tratar de enterrar las emociones cuando estas se encuentran vivas.

Detrás del aparente control emocional que cada persona efectúa, se mantiene un equilibrio muy inseguro; no importa los recursos que la persona haya aprendido, al tratar de controlar solo consigue una transformación temporal de su comportamiento externo, ya que más tarde o más temprano las emociones reprimidas serán estimuladas de nuevo y volverán a aparecer. En cada una de sus expresiones normalizadas, como la serenidad o el sentido del humor, aparecerán también en su trasfondo las tensiones propias de la emoción reprimida.

Es típico escuchar a una persona decir: «Aquello ya está superado» o «El tiempo todo lo cura». Cuando alguien dice una de estas expresiones u otra parecida, suele referirse a que conscientemente ya no tiene presente las emociones que le hicieron sentir mal en una experiencia pasada, y en realidad tiene parte de razón. El malestar que produjo la experiencia está superado porque posiblemente ya no lo siente, pero las emociones que se generaron seguramente siguen reprimidas en el inconsciente, pendientes de ser sanadas.

Por otra parte, cuanto más fuerte sea la represión de la emoción, con más potencia y explosividad se reproducirá la expresión y la liberación de esa emoción en algún momento de la vida. En general, las emociones reprimidas terminan teniendo una expresión que va más allá de lo que se consideraría una respuesta normal, pues al haber estado reprimidas bajo el control del inconsciente, si no se han disipado en el organismo, han ganado fuerza.

Caos emocional

Cuando no somos capaces de entender bien lo que nos ocurre ni de gestionar adecuadamente lo que sentimos, seguramente nos encontramos en una situación de *caos emocional*. El cerebro racional y el emocional entran en contradicción, entonces, perdemos el control y experimentamos diferentes tipos de comportamiento, reacciones y sufrimiento.

Fundamentalmente, las dos características que definen el caos son la *confusión* y el *desorden*. Cuando nos invade la confusión, este sentimiento imposibilita decidir cuestiones importantes; entonces solemos postergar la toma de decisiones, tenemos temor de equivocarnos, no estamos suficientemente seguros de lo que sentimos. Además, también podemos sentirnos vulnerables y sin la determinación necesaria para afrontar las consecuencias de cualquier decisión. Por esa causa podemos encontrar a muchas personas navegando sin rumbo fijo y dejándose arrastrar por las circunstancias.

En cuanto al desorden, las emociones han dejado de estar bajo nuestro control, no cumplen con sus funciones naturales de adaptación corporal, de comunicación y de experiencia subjetiva. Es posible que se disparen emociones nuevas que no conocíamos y nos empujen a comportamientos no deseados; su intensidad e impulsividad, frecuencia, desproporción e inoportunidad nos dan la idea de que nuestras emociones han dejado de regirse por las pautas naturales.

Los dos principales componentes del desorden emocional son el *miedo* y el *resentimiento*. El miedo es la emoción que genera un desorden proyectado hacia el futuro, en tanto que el resentimiento es la condición causante de un desorden que proyecta el pasado en el presente.

Emociones y enfermedad

Una primera definición de enfermedad sería la alteración de la salud, y por salud entendemos el estado en que el organismo, y por extensión la persona, ejerce de forma integral todas sus funciones en armonía.

Desde nuestra perspectiva, la pérdida de la armonía en las funciones del organismo siempre va precedida de su equivalente en la conciencia. Por esta razón consideramos que el organismo es donde se manifiestan los cambios que anteriormente se han producido en la conciencia.

Generalmente, si una persona sufre un síntoma en su cuerpo, corresponderá con algún tipo de desequilibrio en su conciencia. Entonces, podemos afirmar que es más real hablar de *persona enferma* que de *enfermedad en el organismo*. Por esta razón, aunque muchas veces hay que tratar al cuerpo para impedir que una enfermedad evolucione en estados más graves, también es cierto que si no se trata paralelamente la causa en la conciencia, la enfermedad no quedará definitivamente resuelta.

Hemos de entender que la enfermedad se manifiesta a través de los *síntomas* o de los *signos*. Los *síntomas* son sensaciones subjetivas que la persona percibe y que no pueden observarse exteriormente, por ejemplo, una cefalea o un mareo. En cambio los *signos* son manifestaciones visibles de la enfermedad y son observadas por la persona o por el médico, por ejemplo la fiebre o una erupción en la piel.

Por esta razón lo propio es que ante cualquier *síntoma* o *signo* debemos tener una buena actitud, pues no sería muy inteligente tratar de suprimirlo sin más, pues, el *síntoma* o el *signo* llevan esencialmente consigo un mensaje personal que nos conviene atender para poder llegar a la causa y resolverla. Podemos considerarlos nuestros aliados y no nuestros enemigos.

A consecuencia de lo dicho anteriormente, entendemos que la enfermedad nos puede ayudar a crecer interiormente con ella, aunque sea difícil de entender para muchos, y su auténtica sanación no vendría tanto por eliminar los síntomas y signos de la forma que sea, sino por la transformación de aquella situación de conciencia que la ha creado.

Anteriormente hemos hablado de la sombra como aquella parte de nuestra conciencia de la que no somos conscientes, y esta parte es la principal responsable de nuestras enfermedades. En la sombra suele encontrarse la clave para la comprensión y la sanidad de la enfermedad. Todas aquellas emociones y expresiones reprimidas que se proyectan al cuerpo no son otra cosa que síntomas o signos de la enfermedad, y a través de ellos podemos descubrir las partes ocultas de nuestra sombra.

Las emociones reprimidas suelen ser la causa más común de los desequilibrios, de las dolencias y de los problemas en las relaciones de las personas. La experiencia lo confirma una y otra vez al buscar las causas y comprobar cómo al liberar las emociones reprimidas, se remiten las dolencias o se resuelven los problemas.

Las emociones reprimidas debilitan el funcionamiento del sistema inmunológico dejando al organismo más vulnerable a la enfermedad, bloquean el flujo de energía y su equilibrio, e impiden el funcionamiento normal de los órganos y las glándulas.

En el desarrollo de cualquier enfermedad, junto con las emociones también intervienen los pensamientos. Unos y otras se retroalimentan intensificando el resentimiento que muchas veces no tiene otra salida que proyectarse sobre el propio cuerpo, destruyendo su armonía funcional y creando la enfermedad.

Cuando no podemos olvidar, perdonar, pasar por alto una ofensa o dejar ir un daño profundo, estamos generando la suficiente amargura para destruirnos. El veneno del resentimiento es energía propia que no se invierte en la salud sino en la enfermedad, solo afecta a quien lo tiene y lo alimenta haciendo la carga cada vez más grande, pesada y destructiva. Cuanto más tiempo la llevemos encima, más destructiva será, convirtiéndose en nuestro peor enemigo.

QUÉ NECESITAMOS LIBERAR Y CÓMO DESCUBRIRLO

Lámpara de Jehová es el espíritu del hombre,
La cual escudriña lo más profundo del corazón.
Proverbios 20:27, RVR60

LA PAZ INTERIOR se consigue en la medida que nos vamos liberando de todo aquello que puede perturbarla; se hace más consistente en la medida que haya menor posibilidad en nosotros de ser invadidos por elementos internos contrarios a ella.

Necesitamos tomar conciencia de que nosotros esencialmente *no somos* estos elementos y nunca lo hemos sido. Si alguien se siente triste, la tristeza es un estado del ser, pero no es el ser. Aun en el caso de que una persona cargue con la tristeza desde su más tierna infancia, ella misma no es su tristeza. Nuestra mente se encuentra cargada de muchas cosas que forman parte de la dinámica mental y nos hacen experimentar la vida de una determinada manera, pero nuestro ser puede trascender a estos estados condicionados en cuanto nos deshagamos de aquello que los provoca.

En el caso de que vivamos un hecho triste o traumático, el hecho *es lo que es* y no puede cambiarse, pero sí podemos cambiar lo que nuestra mente asocia a este hecho. De ahí la importancia de identificar todo aquello que anida en nuestra mente de forma gratuita y nos resta el auténtico potencial para disfrutar nuestra vida y para estar por encima de las circunstancias, disfrutando de una paz duradera.

El crecimiento y la sanación interior pasan
por el descubrimiento de uno mismo

Qué necesitamos liberar

Algunos de los conceptos que nombramos a continuación ya han sido tratados con más detalle anteriormente, pero volvemos a hacer referencia a ellos para tenerlos agrupados en una misma sección.

Las emociones reprimidas. Todas aquellas emociones que no contribuyen a la paz interior, al amor y a la alegría, pueden tener en mayor o menor grado una función negativa para la persona. Por ejemplo: el enojo, la ira, el odio, el miedo, la ansiedad, la desconfianza, la tristeza, la autocompasión, el desaliento o la soledad. «Me da mucho miedo perder el trabajo».

Las resistencias. A la oposición real o subjetiva que ejercemos a cualquier cosa que nos incomoda la llamamos resistencia. Tal como se ha mencionado anteriormente, se trata de un programa de nuestra mente que hemos creado para protegernos de todo aquello que podemos considerar amenazante. El resultado de las resistencias que hacemos ante lo que la vida nos presenta suele ser el contrario del que deseamos. Las resistencias pueden manifestarse de muchas formas, a veces de manera muy sutil, tal como olvidarnos de cumplir con un encargo. «No puedo aceptar esta injusticia».

Las actitudes. Llamamos actitudes a aquellas formas habituales de pensar, sentir y comportarse de acuerdo a un sistema de valores y contravalores que se ha ido configurando a lo largo de la vida a través de la educación y de las experiencias vividas. Las actitudes están constituidas por elementos cognitivos, afectivos y connotativos que de manera integrada o interdependiente contribuyen a que las personas reaccionen de una manera determinada. «Su actitud con el grupo es muy beligerante».

Las sensaciones. Son impresiones recogidas por los sentidos y conducidas a la mente por medio del sistema nervioso, creando memorias específicas sobre las cosas o las circunstancias. «Cuando lo veo, siento asco».

Las expectativas. Básicamente, son suposiciones centradas en el futuro y consideradas como la posibilidad más probable. A través de las expectativas podemos influir en los demás o sentirnos muy defraudados si no se cumplen. «Todos esperamos que asista a la comida de aniversario».

Las percepciones. Son atribuciones y juicios que hacemos acerca de las características estables de las personas o circunstancias con las que interactuamos. De esta forma sabemos qué es lo que podemos esperar de ellas y qué pueden esperar ellas de nosotros. Nos ayudan a orientarnos en las intenciones y motivos de su conducta. «Lo percibo muy testarudo para poder razonar con él».

Las intuiciones. Pertenecen y describen aquel conocimiento que es directo e inmediato, sin intervención de la deducción o del razonamiento. Es el acto de «mirar adentro» y recibir un mensaje que no siempre es verbal o lógico, pero generalmente, autoevidente. «Sabía que vendrías aunque nadie me lo dijo».

Las interpretaciones. Son las comprensiones que hacemos de aquello que es externo a nosotros, tales como hechos, circunstancias, imágenes o mensajes; están directamente relacionadas con las percepciones y tienden a dar un significado a lo que interactúa con nosotros. «Vi el disgusto en su cara».

Los juicios. Pertenecen a la facultad del entendimiento que nos permite discernir y valorar a las personas, las circunstancias y sus características. Muchos de los juicios que hacemos se encuentran dentro de la categoría de los llamados «juicios de valor». Estos son análisis basados en un conjunto particular de creencias, formas de vida o valores. Su objetivo es definir lo correcto o errado de algo. Suelen describir intereses y puntos de vista estrictamente personales. «Fue una vergüenza que actuara de aquella forma».

Los prejuicios. Son juicios o conceptos formados sobre alguna persona o situación de forma anticipada; implica la elaboración del juicio o de la opinión antes de determinar la preponderancia de la evidencia o de tener alguna experiencia directa o real. Esta actitud es bastante común en todos los ámbitos y actividades sociales. «Seguro que te engañará, todos los que son como él lo hacen».

Las necesidades esenciales. Desde que nacemos, todos tenemos unas necesidades esenciales relacionadas con nuestra alma, tales como la necesidad de sentirnos amados, valorados, dignos, seguros, útiles, de pertenencia y de plenitud. Cuando una o más de estas necesidades no son satisfechas en la infancia, la persona queda marcada por esa carencia y durante su vida intenta inconscientemente suplirla de muchas maneras. Como los sustitutos no suelen resolver la carencia, la persona termina frustrándose a menudo. Un paso en la madurez personal es dejar de depender de esta necesidad inconsciente, aceptando que en el pasado no fue satisfecha, ni lo será por los que tuvieron que satisfacerla. «Muchas veces estoy con gente pero me siento sola».

Los guiones de vida. Un aspecto bastante más complejo que acompaña al ser y va formándose en la primera etapa del desarrollo es el guión de vida. En este intervienen los mensajes de los padres, las experiencias del niño, los sentimientos que le permiten o no sentir, su decisión, la creencia sobre sí mismo y finalmente su posición existencial. El comportamiento que tendrá la persona concordará con la creencia sobre sí misma, y reforzará esta creencia instaurándose en su repertorio de conductas como algo impuesto desde el exterior. Así pues, el guión de vida limita y condiciona a la persona notablemente, provocándole mucha frustración e infelicidad. «Soy un inconstante, nunca termino lo que empiezo».

Las creencias falsas o limitantes. Son generalizaciones que hacemos sobre las causas, los significados, los límites de nuestras posibilidades, las conductas, las capacidades y la identidad que están asociadas a un sentimiento de certidumbre. Esta percepción de la realidad muchas veces nos impide crecer, desarrollarnos como personas o alcanzar aquellas cosas que deseamos o necesitamos conseguir. No es algo cierto, pero para nuestra mente tiene el valor de verdad, y eso es lo que vale para nosotros; entonces lo damos por bueno. Generalmente presentan resistencia al cambio puesto que fueron reforzadas muchas veces. «No puedo hablar en público porque me bloquearé y haré el ridículo».

Las cargas familiares. Hay cuestiones que se encuentran impresas en nuestro inconsciente y provienen de miembros de alguna de las generaciones familiares anteriores a la nuestra, tales como padres o abuelos. Estas cuestiones suelen ser experiencias que no han quedado bien resueltas en la generación a la que pertenecen y se transmiten a la siguiente generación con la pretensión de que el descendiente afectado por la consecuencia dé la solución pendiente y pueda volver el sistema familiar a la armonía. «Mi abuelo y mi padre se arruinaron en sus negocios, y yo creo que voy por el mismo camino».

Las somatizaciones. La relación de la mente sobre el cuerpo es bien clara y reconocida universalmente. Aun las enfermedades con una causa física comprobable tienen una correspondencia con una cuestión anímica o emocional. Cuando nuestro cuerpo nos manifiesta una alteración por medio de su naturaleza, le llamamos somatizaciones. Sobre todo en los trastornos psicosomáticos puede reconocerse de qué manera la persona ha proyectado inconscientemente sobre su cuerpo un componente emocional reprimido. «Los domingos por la tarde siempre sufro dolor de cabeza».

Síntomas diversos. Los síntomas son sensaciones subjetivas que percibimos de cambios que reconocemos como anómalos y no pueden observarse exteriormente. Detrás de cualquiera de ellos siempre hay un componente emocional o anímico, además del físico. Es normal sufrir una contractura a causa de experimentar una tensión importante en una relación personal, o un dolor de cabeza cuando estamos atrapados en un conflicto que no sabemos resolver. El síntoma nunca debe reprimirse o eliminarse por lo que es, sino recibirlo como un mensaje destinado a ayudarnos: la tarea es ponerse a trabajar con él. «Hace unos días que me cuesta respirar y me ahogo».

Mecanismos de defensa. Como ya hemos mencionado anteriormente, los mecanismos de defensa que elabora nuestra mente para evitar el sufrimiento solo consiguen volver crónicas las cuestiones pendientes de resolver. Cuanto más nos familiaricemos con ellos y los sepamos identificar en sus manifestaciones, más cerca estaremos de poder llegar a la causa que los ha creado. Un sistema para aprender a identificarlos es observarlos en las personas que nos rodean y preguntarnos cuándo nosotros actuamos de la misma forma. Siempre que alguien expresa refiriéndose a un tercero «Me irrita su desorden», estamos ante una proyección.

Conflictos. Hay diferentes tipos de conflictos, pero cuando en nuestro interior se crea una cuestión y emergen dos posiciones que son excluyentes, o dicho en otras palabras, no pueden darse en forma simultánea, nos encontramos ante un conflicto. Si decidimos por una alternativa, automáticamente estamos perdiendo la otra, y muchas veces esta situación nos crea ansiedad y dolor de cabeza, nos paraliza a la hora de tomar una decisión y puede apoderarse de nuestro espacio consciente, convirtiéndonos en sus víctimas. «Si le digo lo que sé, perderé su amistad».

Dependencias. De los diferentes tipos de dependencias, aquí nos referimos a las dependencias emocionales. Suelen ser un problema importante que incide en el modo en que la persona se relaciona con su entorno, sea su pareja, familiares o amigos. Una dependencia puede confundirse con el amor, pero son dos cosas diferentes, ya que el amor siempre enriquece y es constructivo, mientras que la dependencia empobrece y termina destruyendo. El carácter adictivo y desigual de la relación de dependencia anula a la persona que la sufre y en su base suelen encontrarse carencias, temores e inseguridades importantes. «Solo me siento segura cuando estoy con él».

Cómo descubrirlo

En la relación del apartado anterior se encuentran los elementos más comunes que han mostrado ser responsables de las alteraciones emocionales, psicológicas y psicosomáticas. Pero ahora vamos a dar un paso más y describiremos una serie de estrategias, recursos y observaciones para poder identificar dónde se encuentran enmascaradas las emociones reprimidas, los programas y creencias negativas que nos desestabilizan y confunden.

Enfocar un hecho. Siempre que tengamos idea de habernos sentido mal en una situación determinada, no debemos cerrar el tema diciéndonos que tal o cual persona dijo o hizo algo que nos molestó, para pasar seguidamente a justificar nuestro enfado o disgusto. Esta sería la forma de perder una oportunidad de oro para conocer lo que hay en nuestro interior que ha reaccionado ante esta situación. Por lo tanto, lo apropiado es tomar un tiempo para enfocarla y permitirnos sentir lo que intentamos justificar o reprimir. Al exponernos mentalmente a su influencia directa volveremos a experimentar las emociones que necesitamos trabajar para alcanzar la causa más profunda de nuestra reacción y poder cambiarla.

Revivir mentalmente una experiencia. Cuando hemos sufrido una experiencia que ha sido traumática en nuestra vida o por su naturaleza nos condiciona de alguna manera, debemos sanarla emocionalmente (no solo superarla) e integrarla en nuestro inconsciente con un nuevo significado. La forma de hacerlo es volver a ella y descargarla de todo el componente emocional y de aquellas ideas y creencias negativas que están asociadas a la experiencia. De esta manera definitivamente dejará de condicionarnos.

Pensar en una situación futura. Cuando una situación o actividad futura nos genera inquietud, como hablar en público, estamos ante otra oportunidad de la vida para crecer interiormente. Siempre será una visión subjetiva la que tenemos de algo que pertenece al futuro, y por esa razón debemos enfocarla mentalmente y permitirnos experimentar e identificar las reacciones emocionales y somáticas que se activan, y entonces comenzar a cambiar el programa mental que nos llevará a transformar la inquietud en seguridad.

Traer a la conciencia una determinada persona. En algunas ocasiones no podemos concretar una situación que nos haya afectado; en cambio, reconocemos que una determinada persona nos despierta sentimientos negativos cuando nos relacionamos con ella. En este caso hemos de dejar a un lado las razones que usamos para justificar lo mal que nos hace sentir, ya que no suelen ser la causa real de nuestros sentimientos. Lo propio es admitir que tenemos ante nosotros una indicación clara para buscar en nuestro inconsciente la causa real de esta reacción. Aunque nuestra mente trate de evadirla, lo que nos conviene es darnos el tiempo para dejarla entrar voluntariamente en nuestra conciencia y sacar a la luz lo que nos produce los sentimientos negativos.

Recordar unas palabras que nos afectaron. En algunas ocasiones alguien nos dice unas palabras que se graban como a fuego en nuestra mente, intentamos olvidarlas pero nos resulta imposible. Vuelven a nuestra conciencia una y otra vez: «Me has decepcionado», «Me has decepcionado», y cuanto más nos esforzamos por arrancarlas de nuestra mente parece que más se aferran. Esto nos crea malestar y angustia como si fuéramos víctimas de un autoacoso del que nos sentimos impotentes de evadirnos. La estrategia para resolver este problema es hacer lo contrario al impulso de nuestro instinto de supervivencia; cada vez que lo rechacemos, el recuerdo volverá con más fuerza. Entonces, la aceptación es la mejor actitud para poder llegar a descubrir el por qué estas palabras se han adueñado de nuestra mente y de nuestra voluntad.

Pensar en un logro que deseamos. Aunque hay una idea muy difundida de que al centrarnos en lo que deseamos conseguir estamos dando fuerza a nuestro deseo y facilitamos su concreción, también es cierto que podemos generar una serie de emociones negativas, tales como ansiedad o la frustración y crear una fuerza contraria que frena o nos aleja de nuestro objetivo. Pensar en el deseo pero poniendo la atención en cómo nos sentimos nos dará mucha luz sobre lo que nos falta o nos sobra para tener la actitud correcta en el proceso de alcanzar ese logro.

Observar nuestro cuerpo. Cualquier momento es bueno para detener nuestra inercia y observarnos, escuchando nuestro cuerpo para percibir las tensiones o las sensaciones que se hacen presentes al ser atendido. Entonces estamos haciendo algo más que examinar nuestro cuerpo; detrás de cada expresión somática hay ocultas ideas y emociones que se encuentran reprimidas o en conflicto y están empujando para ser liberadas.

Centrar la atención en el síntoma. El cuerpo es el mejor espejo de nuestro ser interior, por eso lo más importante del síntoma será aprender a interpretarlo. Siempre hay una relación directa entre lo que estamos pensando o sintiendo aunque sea inconscientemente; cuerpo y alma se encuentran íntimamente conectados y funcionan como una sola cosa.

Cualquier síntoma puede describirse con un adjetivo. Por ejemplo: «Me pesa la cabeza».

También debo hacerme algunas preguntas acerca del síntoma:

- «¿Qué me impide hacer?». Por ejemplo: «Descansar».
- «¿A qué me obliga que no deseo?». Por ejemplo: «A estar pendiente de lo que hacen otros».

- «¿Qué ocurriría si me permito hacer lo que deseo?». Por ejemplo: «Dirían que soy un irresponsable».

Estas preguntas suelen ser clarificadoras para identificar en qué hemos de trabajar, eliminando emociones reprimidas o creencias limitantes.

Tomar conciencia de nuestras reacciones. En muchas ocasiones, después de haber reaccionado con ira ante una situación, nos damos cuenta de que nuestro comportamiento ha sido automático y fuera de nuestro control. En otros momentos nuestro estado de ánimo cambia y se vuelve triste o apático por un tiempo. A partir de ahí podemos tratar de dar vuelta a la página, justificarlo o mantenernos en la culpabilidad. Pero hay otra alternativa mejor que las anteriores: trabajar con nuestras reacciones y estados de ánimo para descubrir y sanar aquella parte sensible que no conocemos de nuestro inconsciente. De esta manera estas respuestas irán extinguiéndose hasta dejar de formar parte de nuestro probable repertorio de respuestas.

Recibir las opiniones ajenas sobre nosotros. Cuando alguien expresa un juicio o una opinión sobre nosotros, nos encontramos ante una disyuntiva: nos está proporcionando una información útil para nuestro crecimiento o simplemente ha hecho una proyección suya sobre nosotros. Si reaccionamos mal nos perdemos la posibilidad de discernir entre una y la otra, y nos impedimos tomar lo que podría ser un buen regalo. La mejor opción siempre es recibir lo que otro diga de nosotros para poder darle la respuesta adecuada: agradecérselo para trabajar posteriormente en ello, intentar ayudarle aportando luz sobre la cuestión o sencillamente comprenderle. Si nuestra respuesta no se ajusta a una de estas tres opciones tendremos que mirar en nuestro interior para ver de dónde sale.

Sentimientos exagerados hacia alguien. En ocasiones nos hemos encontrado siendo arrastrados por sentimientos con una fuerza que desconocíamos en la relación que mantenemos con una determinada persona. Cuando eso ocurre y estos sentimientos escapan de nuestro control, generalmente no estamos «viendo» realmente a la otra persona; lo que ella significa para nosotros seguramente se encuentra relacionado con nuestras carencias o experiencias negativas anteriores. «No puedo vivir sin él, si me deja me quitaré la vida», «Lo que siento por mi segundo hijo no lo siento por los demás». Son expresiones que indican la necesidad de bucear dentro de nosotros para liberar lo que necesitamos expresar a través de este sentimiento exagerado.

Tratar un conflicto por partes. Muchas veces, al enfrentar un conflicto, una cuestión con dos posiciones opuestas, es posible quedar atrapados sin ser capaces de encontrar una salida. Nuestra mente se mueve de una posición a otra de tal manera que, al intentar decidir por una, la otra toma fuerza y capta nuestra atención, repitiéndose este mecanismo hasta el agotamiento.

Una estrategia muy efectiva para darle salida al conflicto es resolver cada parte independientemente en nuestra mente; al hacerlo así, el conflicto deja de serlo, para convertirse en dos cuestiones desvinculadas. Siempre será más fácil resolver una cuestión por sí misma que considerarla en dependencia de otra que es opuesta.

El **feedback** *negativo de quienes nos sirven de espejo.* Siempre que atribuimos algún juicio negativo sobre alguien: «Es un estúpido» o, «Es un irresponsable», y no es una información, sino que, al expresarlo, sentimos algún grado de emoción negativa, estamos haciendo una proyección de algún aspecto nuestro que rechazamos y se lo estamos atribuyendo a la otra persona. Este es un medio fiable por medio del cual nuestra sombra sale a la luz, poniendo al descubierto aspectos de nosotros que están pendientes de resolver. Por lo tanto, siempre que nos sorprendamos en este tipo de juicios tendremos una buena oportunidad de mirar a nuestro interior y sanar alguna cuestión pendiente.

Cuando provocamos repetidas veces el mismo efecto perturbador. A veces somos conscientes de que causamos malestar en otras personas, y cuando este hecho ocurre más de una vez, estamos ante una buena señal para examinarnos. El primer impulso suele ser el de sacudirnos la responsabilidad, argumentando razones de peso como «Se siente mal porque sabe que a mí no puede manipularme» o, «Siempre que se ponga pesado se lo haré saber». Pero seguro que hay otra realidad en nuestro interior que, al descubrirla, puede cambiar positivamente la relación.

En las acciones impulsivas o inadvertidas. Nuestro comportamiento está lleno de acciones impulsivas que nos pasan desapercibidas porque las vivimos como algo «natural», pero en realidad suelen ser reacciones a estados de ánimo, emociones inconscientes o respuestas a necesidades interiores no satisfechas. Visitar la nevera compulsivamente, mentir o exagerar sobre algo sin intención de hacerlo, podrían ser ejemplos de estos impulsos. Tomar mayor conciencia de ellos nos proporcionará información para descubrir aquello que aún está por resolver.

La coherencia entre nuestro lenguaje verbal y no verbal. En la comunicación está comprobado que el porcentaje de expresión *no verbal* es más elevado que el *verbal*. Esto significa que la persona que nos está viendo y escuchando con atención cuando le hablamos recibe más información de la que pensamos le estamos compartiendo. Si estamos diciéndole algo importante a alguien y no podemos mirarle a los ojos, sino que mantenemos la mirada hacia abajo, posiblemente nos sintamos avergonzados o no estamos siendo del todo sinceros con él. Es en nuestro lenguaje *no verbal* donde tenemos menos control y nuestro inconsciente se revela más fácilmente, por eso nos será de mucho valor proponernos dedicarle atención.

Los juicios y descalificaciones. Buena parte de lo que expresamos al comunicarnos son juicios sobre las personas, las circunstancias, los objetos y sobre todo lo que se nos cruza en nuestra vida. Muchos de ellos son positivos y nos identificamos con lo que juzgamos valorándolo y dignificándolo, pero otros son críticas y descalificaciones. En este tipo de comunicaciones también tenemos un vasto filón para explorar y descubrir aspectos desconocidos de nosotros.

Cuando sentimos amenazada nuestra dignidad. Hay ocasiones en que podemos sentirnos humillados o menospreciados y nuestra dignidad personal se resiente. Pero, en realidad, la mayoría de veces que sentimos nuestra dignidad amenazada es más una cuestión nuestra que de aquellos a quienes les atribuimos la agresión. Si en lugar de enojarnos o devolver otro tanto, nos permitimos explorar la causa de nuestro enojo, seguramente comprobaremos que nuestra dignidad sigue a salvo y que la causa de nuestro malestar fue la interpretación que hicimos de lo que la otra persona hizo o dijo.

Los enfados desproporcionados por los errores que otros hacen. Si el error o la torpeza cometida por otra persona nos sacan de quicio, seguramente se ha establecido una resonancia entre su acción y algo nuestro que no aceptamos. De la misma manera que ocurre en la proyección, también sucede en estos casos. Realmente la persona se ha equivocado pero en lugar de despertar un sentimiento de comprensión dispara una ira desproporcionada que no va dirigida a la corrección del error, lo cual ayudaría a la persona que lo ha cometido, sino que se ha desatado una represión propia.

Solicitar la visión que los demás tienen de nosotros. Un recurso fácil y que pocos están dispuestos a utilizar, por temor a que nuestra dignidad e imagen personal quede en entredicho, es pedir a las personas con las que nos relacionamos y tenemos confianza que nos hablen de cómo nos ven. Por lo menos sabemos que no desean hacernos daño, y esta premisa nos ayudará a no ponernos en guardia y a recibir con gratitud una información de mucho valor que seguramente por consideración no nos han dicho antes.

Examinar los lapsus verbales y conductuales que cometemos. A veces nos ocurre que al querer decir una cosa expresamos otra, por ejemplo: hacer referencia de la película que vimos en el teatro o nombrar a un familiar cuando en realidad estamos hablando de otro. En el terreno conductual una mujer tímida puede sentirse incómoda en una fiesta ante la conducta de los hombres y ser, al mismo tiempo, totalmente inconsciente de su propio coqueteo. Estos «errores» aparentes no lo son en sí mismos, sino expresiones de nuestra sombra. Podemos reírnos de esos lapsus, mantenernos a la defensiva o racionalizarlos, pero solo si los valoramos como lo que son nos pueden ayudar en nuestro progreso personal.

Tomar conciencia de nuestro sentido del humor. Es muy interesante tomar conciencia de nuestro sentido del humor, tanto el que usamos como nuestra respuesta al humor de los demás. El humor pone al descubierto mucho más de lo que parece, pues quien habla a través de nosotros es nuestra sombra, y podemos comprobar cómo las personas que más reprimen su sombra menos sentido del humor tienen. Como la sombra esencialmente es aquello que hemos deseado hacer pero no nos lo hemos permitido, a través del humor podemos expresar e identificarnos con personajes y acciones que de otra forma no nos estaría permitido. Así pues, aquello que nos resulta especialmente divertido puede contribuir a aumentar nuestro autoconocimiento.

Analizar nuestras fantasías y sueños. Si prestamos atención a este tipo de expresiones podremos apercibirnos del interesante contenido que hay en nuestro inconsciente. En los sueños suele aparecer nuestra sombra como un personaje del mismo sexo que nos produce miedo o desagrado, con frecuencia nos persigue y huimos de forma parecida a como lo hacemos en la vida consciente. La actitud más adecuada es tratar de averiguar lo que quiere de nosotros; seguramente nos dará información muy interesante.

Por otra parte, la mayoría de personas tenemos algún tipo de fantasías en un momento u otro. Cuando nuestra atención no se encuentra centrada en algo específico, es muy probable que nuestra mente fantasee y construyamos situaciones, relaciones, o nos identifiquemos con mitos populares. Es nuestra sombra la que nos está hablando de ilusiones frustradas o de cualquier otro tipo de cuestiones no resueltas. Volver a enterrar estas fantasías descalificándolas o avergonzándonos de ellas no sería la mejor forma de recibir la ayuda que nos pueden proporcionar.

La autorreflexión. Habrá muchos momentos que nos invitarán a reflexionar sobre nosotros mismos y reconocer o descubrir aspectos interesantes para trabajar. Una práctica muy provechosa experimentada por algunos es reservar unos minutos al final del día para repasar lo que hemos experimentado en las diferentes situaciones que hemos vivido. Aunque algunos puedan pensar en principio que todos sus días son iguales y rutinarios, esta idea no corresponde a la realidad. Cada día es diferente porque nosotros también lo somos; no hay dos días iguales y cada día es una oportunidad para hacernos más conscientes de nosotros mismos. Las personas que practican la autorreflexión se sorprenden a sí mismas de la cantidad de cosas que descubren y pueden cambiar en sus vidas.

Trabajar con afirmaciones. Un método muy efectivo de cambio personal es el trabajar con afirmaciones. Las afirmaciones se utilizan en principio como una palanca para sacar a la luz todo aquello que hay en nuestro inconsciente. En segundo lugar, la intención de trabajar con las afirmaciones es que lleguen a formar parte de nuestro repertorio de programas mentales (la información registrada en nuestra mente que nos habilita para actuar de una determinada manera).

La forma de hacerlo es construir afirmaciones positivas expresadas en presente de aquello que debería ser realidad en nuestra vida y no lo es. Seguidamente nos confrontamos con una de ellas expresándola como si fuera propia, por ejemplo: «Me siento seguro y tranquilo en cualquier situación». Inmediatamente nuestra mente reaccionará y atenderemos su «protesta»: «Esto es mentira». Al seguir repitiendo la confrontación, nuestra mente nos irá dando todo lo que impide que esta afirmación pueda ser asimilada y eso nos proporcionará un precioso material para liberar. Muchas veces el cambio se realiza por sí solo de forma natural y automática al realizar una serie de repeticiones.

La técnica del diálogo interior. Siempre que hay una *parte* de nosotros que necesita satisfacer una necesidad esencial y no lo ha conseguido de forma natural, lo intenta generando cualquier tipo de emoción negativa o presentando exigencias poco racionales. Es su forma de llamar la atención, pero aunque resulta incómoda, su intención original siempre es positiva.

A través del diálogo con la parte que se siente mal, esta va revelando progresivamente cuál es su necesidad esencial insatisfecha. Una vez que se ha descubierto, solo hay que conectar con Dios (o la Fuente Universal que puede satisfacer cualquier necesidad) y abrirse a recibir la facultad esencial que necesitamos (amor, paz, seguridad, plenitud, etc.). Una vez que la hemos recibido y la experimentamos plenamente, solo tenemos que hacerla llegar a la parte necesitada, comprobando cómo cada una de sus demandas ya están cubiertas.

Si hubiera una experiencia traumática del pasado relacionada con la demanda que pudiera impedir la inundación de la facultad esencial, saldrá necesariamente a la luz y, entonces, también podrá ser sanada.

Cuando nos dejamos llevar por la inercia del grupo. Muchos de nosotros no nos comportamos de la misma manera estando solos que cuando estamos en un grupo; el nivel de represión que ejercemos sobre la sombra cambia sensiblemente. Nuestra identidad se diluye en el grupo y nos permitimos seguir una inercia que nos lleva a actuar de una forma insospechada para aquellos que nos conocen como personas afables y equilibradas. Esto lo podemos observar en un grupo de amigos que se encuentran en una celebración, en una manifestación de protesta o sencillamente en un acontecimiento deportivo. Las personas se transforman y su sombra sale a relucir como un volcán: gritos, insultos, frases que piden ejecuciones y todo tipo de violencia movida por emociones muy fuertes. Observar nuestra conducta en los diferentes contextos sociales también resulta muy productivo.

Sencillamente, observarse en el momento presente. En cualquier momento del día podemos practicar la autoobservación; es muy simple y productiva. Solo hay que desviar la atención de donde la tengamos hacia nosotros, sin hacer ningún esfuerzo ni expectativa concreta, como el que observa un paisaje y al detenerse en él comienza a descubrir aspectos que no conocía y captan su interés. «Me siento un poco inquieto», o «No voy de muy buena gana a hacer esta visita». Por supuesto, lo que nos interesará trabajar no será neutralizar la inquietud de la manera que sea o forzarnos a hacer algo que no deseamos, sino profundizar en lo que provoca estos estados de ánimo.

Leer libros que puedan inspirarnos. La lectura de libros que nos hagan pensar, cuestionarnos, abrir nuestra mente a aspectos de la vida desconocidos para nosotros, siempre va a enriquecernos y a desarrollar nuestro criterio y madurez personal. Hay personas que no leen por pereza o por otras razones, e identificarlas podría darnos luz sobre nosotros mismos. Por ejemplo, unos tienen prejuicios y se resisten a leer la Biblia; en cambio, otros, no quieren leer otro libro que no sea la Biblia o afines a la interpretación que tienen de ella. Tanto una posición como otra nos limitan como personas y manifiestan temores inconscientes.

Hacer una simulación mental. Cuando hablamos de hacer una simulación mental nos referimos a usar la imaginación creando en nuestra mente la situación que desearíamos conseguir o que creemos que resultaría de una decisión. En la medida que seamos capaces de conectar con ella como si fuera real, experimentaremos los sentimientos y sensaciones propios que sentiríamos si ya la estuviéramos viviendo. En este caso nos proporcionará una oportunidad de prepararnos para cuando suceda o ayudarnos a tomar una decisión.

Hasta aquí la relación de elementos y recursos con los que hemos de trabajar en el proceso de liberación que veremos más adelante. Aprenderemos a deshacernos y a transformar estos integrantes de nuestra personalidad para poder acceder a una profunda y auténtica paz interior en nuestro ser.

Es importante comprender y distinguir entre una *liberación emocional* por medio de la cual conseguimos aliviar una pena, un enfado o resolver una situación determinada, y el *proceso de liberación y crecimiento interior*, el cual es indefinido en el tiempo, pues no se trata solo de liberarnos del bagaje inútil y dañino que llevamos en este momento, sino del que podemos ir acumulando por el camino, y continuar hasta llegar a la madurez mental, emocional y espiritual.

Para unas personas será más fácil y rápido que para otras; esto dependerá de diferentes factores personales tales como la capacidad de interiorizar por sí mismos, la motivación por la transformación personal o la gravedad de sus disfunciones. Muchos llegarán a un nivel en el que se sentirán cómodos consigo mismos y ya no continuarán en el proceso, pero en cualquier caso tendremos por delante una tarea que necesitamos realizar, un instrumento sencillo y eficaz para llevarla a cabo y unos resultados muy gratificantes que aparecerán desde el primer momento.

LIBERACIÓN DE EMOCIONES REPRIMIDAS

La naturaleza trabaja con enorme derroche: solo en el cerebro humano hay seiscientos mil millones de células. ¿Qué importa, pues, una sensación oculta, una emoción inconsciente? A veces me parece que no importa mucho. Y otras, pienso que todo depende de eso.
Sándor Márai (Periodista y dramaturgo)

Tal como hemos visto anteriormente, en nuestra mente hay infinidad de registros que desconocemos y nos condicionan para vivir con libertad nuestra vida.

Hay memorias que se crearon en un momento como consecuencia de una situación que vivimos estresante o traumática y siguen ahí en nuestra mente dispuestas a activarse en cualquier momento o proyectándose sobre nuestro cuerpo y creando síntomas molestos.

Otras memorias emocionales se han ido acumulando progresivamente a lo largo del tiempo, pasando desapercibidas para nosotros; pero al no eliminarse en su momento también quedaron asociadas a infinidad de experiencias y creencias, formando una estructura mental que nos predispone a responder de una determinada manera.

Aunque hay experiencias que ocurrieron en un pasado lejano y otras en un pasado inmediato, esta diferencia no existe en nuestro inconsciente a la hora de reactivarse. Muchos creen que «el tiempo todo lo cura», pero la evidencia en el trabajo personal es contraria a esta máxima.

En ocasiones nos sorprendemos al observar nuestra reacción ante una situación determinada; vemos con impotencia cómo las emociones toman el control por encima de nuestra voluntad y nuestro ánimo o conducta cambian sin que podamos evitarlo. Nos damos cuenta de que somos tan libres como nuestras emociones nos lo permiten.

Para alcanzar la liberación de las memorias emocionales a las que nos referimos no hay que hacer una formación especial, ni disponer de un duro entrenamiento, ni gastar grandes sumas de dinero en tratamientos. Más bien hay que hacer algo natural: sencillamente debemos activar la capacidad que todos poseemos de deshacernos de nuestras emociones.

¿En qué consiste la liberación emocional?

Liberar es soltar, dejar ir, descargar, desatar, desbloquear, desvincular, eliminar, despejar; es producir un cambio interior creando un nuevo espacio, una nueva estructura en nuestros pensamientos y sentimientos y, como consecuencia, una nueva experiencia interior.

Para liberar hay que dejar fluir lo que se encuentra reprimido, estancado, aferrado, asociado a las memorias o en los guiones que dirigen nuestros comportamientos y determinan nuestras reacciones y estados de ánimo.

Para que las emociones que se encuentran reprimidas en nuestro inconsciente puedan fluir, tenemos que conectarnos con ellas. Esto es algo nuevo para la mayoría de personas, pues el instinto de supervivencia nos lleva a evitar el sufrimiento y preferimos reprimir, negar o enviar a lo más profundo de nuestra mente todo lo que nos incomoda, nos disgusta, nos altera o nos perturba.

Cuando nos conectamos con una memoria que se encuentra emocionalmente cargada, comenzamos a experimentar esas emociones de forma consciente y voluntaria. Allí comienza la liberación, pues al permitirnos sentir, dejamos fluir la carga emocional que hasta este momento se encontraba reprimida.

En la mayoría de los casos no hay solamente una emoción reprimida, sino que suelen ser paquetes emocionales que se han asociado a la experiencia vivida. Entonces es necesario ir identificando las diferentes emociones para facilitar la salida. Cada vez que identificamos una emoción y nos permitimos sentirla, esta se libera sin tener que hacer ningún esfuerzo.

En un porcentaje de casos nos encontramos con que permitirnos sentir no es suficiente para liberar totalmente las emociones asociadas a la experiencia. Esto ocurre cuando una parte de nosotros cree que esas emociones tienen algún significado o beneficio útil, aunque sea absurdo y de forma inconsciente. Entonces se produce una resistencia que impide el fluir de la emoción. Lo apropiado es identificarla y expresar de forma resuelta que liberamos las emociones, la resistencia a hacerlo y aquellos intentos de solución frustrados que hemos hecho.

Una vez que hemos dejado fluir la carga emocional y cognitiva que nos dañaba, experimentaremos una sensación de alivio y paz profunda. Por otra parte, se crea una nueva concepción de la experiencia, de tal modo que ya nos sentimos de una manera mucho más positiva con ella, comprobando que la transformación interior está haciéndose realidad.

Es típico observar cómo cambia la expresión facial cuando alguien libera emociones o creencias que le condicionan; su nueva experiencia interior se refleja en su rostro, relajándose de forma instantánea, así como la respiración, la mirada, el tono de la voz, sus músculos y el resto de su cuerpo.

El proceso básico de liberación

Para poder iniciar este proceso, es necesario que tengamos *la voluntad de resolver alguna cuestión que nos inquieta*, un estado de ánimo negativo, un síntoma o cualquier otra cosa que nuestra intuición nos dice que hemos de elaborar para sentirnos mejor, más libres o sencillamente quitar los obstáculos que impiden conseguir lo que deseamos.

En un capítulo anterior hemos visto diferentes formas de tomar conciencia de aquellas emociones o experiencias que debemos liberar para progresar personalmente y mejorar nuestra salud emocional y física; cualquiera de ellas es adecuada para comenzar el trabajo interior.

- Debemos *centrar nuestra atención en la cuestión elegida y permitirnos sentir*. Cualquier reacción es posible; puedes sentir desde algo liviano, una emoción débil que te haga pensar que el asunto ya se encuentra superado, a una especie de explosión emocional en la que te sorprendas llorando o sintiendo una profunda rabia. No importa, recíbela tal cual es y permite que fluya a través de ti como un río que canaliza las aguas del deshielo. Sencillamente observa este fluir emocional y comprobarás cómo va disminuyendo su intensidad inicial.

Cuando nos permitimos sentir estamos tomando conciencia plena de lo que hay en nuestro interior respecto a la cuestión que tratamos y, lo más importante, nosotros estamos posicionados en el *aquí* y *ahora*, y desde esta posición estamos tratando las diferentes cuestiones de nuestra vida. Al hacerlo así no permitimos que sean nuestras memorias del pasado o las ansiedades del futuro las que nos secuestren y nos hagan perder el *presente*. Somos nosotros quienes, anclados en el presente, en *la única posición de poder que tenemos*, vamos a realizar los cambios que necesitamos.

- Comprobarás que, al permitirte sentir, *las emociones suelen ir cambiando*. Si comienzas sintiendo tristeza, cuando esta va perdiendo intensidad aparece otra nueva, tal como la rabia. Es normal que junto con este flujo de emociones aparezcan ideas y creencias limitantes, diferentes sensaciones, sutiles resistencias, toda clase de somáticos (dolor de cabeza, ahogo, palpitaciones, calor, ansiedad, etc.) que son las manifestaciones propias del proceso de liberación. Esto es natural. Generalmente no hay una sola emoción enquistada, suelen acumularse varias respecto a un tema, sobreponiéndose una a la otra. Entonces, lo propio es que centres la atención en la nueva emoción, reconociéndola y permitiéndote sentirla.

- Cuando has experimentado varias emociones, viene un momento en que te das cuenta de que el flujo emocional se va calmando. Seguramente no está todo hecho, pero, evidentemente, hemos conectado con un «paquete de emociones reprimidas» que se están liberando. A continuación completaremos esta liberación *ordenando a la mente de manera explícita la voluntad de soltar y liberar cada emoción que ha sido reconocida*. Al hacerlo experimentaremos cómo las emociones con las que hemos trabajado se liberarán y dejarán de formar parte de nuestra carga personal, y sentiremos un alivio muy notable, o la paz interior que tanto deseamos.

A partir de aquí, y en los próximos capítulos, iremos considerando una serie de casos de *caos emocional* típicos, ilustrados con ejemplos reales que fueron resueltos por medio de diferentes técnicas de liberación emocional y reprogramación mental.

El caos de la inseguridad

La falta de confianza en nosotros mismos es un sentimiento negativo que nos impide disfrutar de la vida y genera sentimientos de disconformidad y miedo.

Las personas que sufren el caos de la inseguridad se debaten constantemente en un vaivén de pensamientos y sentimientos contradictorios sobre las situaciones que viven o sobre cualquier decisión que deben tomar, y cuanto más desean asegurar la decisión, más inseguros se sienten. El temor a la crítica, a las consecuencias de su actuación, el no poder expresar las propias opiniones, deseos y emociones, promueve situaciones y sensaciones negativas que les afectan.

La inseguridad emocional es una sensación de malestar, nerviosismo o temor asociada a multitud de contextos que puede ser desencadenada por una sensación de vulnerabilidad e inestabilidad que amenaza al yo o a la propia autoimagen.

Las personas inseguras no tienen confianza en su valía y capacidades, carecen de confianza en sí mismas y también les cuesta confiar en otras personas. Pueden pensar que las personas con las que se relacionan les defraudarán, y también temerán defraudarlas ellas mismas. En el caso de disfrutar de circunstancias positivas, pensarán que estas son temporales y que lo negativo volverá otra vez a sus vidas. Este es un rasgo común que solo se diferencia entre las personas que lo sufren por el grado del síntoma.

La inseguridad conlleva una autoevaluación subjetiva y arbitraria de la propia capacidad de la persona. Puede promover estados de timidez, paranoia y aislamiento social o, alternativamente, puede alentar conductas compensatorias como la arrogancia, el narcisismo o la agresividad.

El caso de Laura[2]

Laura era una joven alegre y sin problemas; disfrutaba de la vida sin complicársela en absoluto hasta que conoció a Juan, de quien se enamoró, e iniciaron una relación. Al principio no se percató de la obsesión que sufría su compañero, y ella fue cediendo en todo lo que él le iba demandando. Se encontraban a diario, y cada vez Juan le reprochaba algún aspecto de su apariencia. Le pedía que lo corrigiera puesto que, según él, llamaba demasiado la atención y la ponía en evidencia: los pantalones demasiado ajustados, el escote muy pronunciado, el cabello provocativo, el maquillaje insinuante, etc.

Después de un año y medio de relación, un día su madre la sorprendió en el dormitorio llorando en medio de una crisis de ansiedad. Laura era incapaz de decidir qué vestido ponerse para salir a la calle.

Su madre intentó calmarla y ayudarla a decidirse, pero le fue imposible. Laura se encontraba dominada por la inseguridad y la contradicción de sentimientos; no podía posicionarse en ningún criterio que le diera confianza para escoger una opción. La impotencia la conducía a la desesperación.

Vino a la consulta acompañada de su madre; después de explicarme lo ocurrido, le pedí que cerrara los ojos y enfocara mentalmente a Juan (su novio).

—Ahora permítete sentir y dime lo que sientes.

Al cabo de un momento, Laura dijo:

—Siento mucha inquietud y ganas de llorar.

—Siente esta inquietud y las ganas de llorar, no las reprimas.

Comenzó a llorar y el llanto la desbordó.

—¿Qué más sientes? —le pregunté.

—Angustia, y que me ahogo —respondió.

—Permite que fluya la angustia, y cuando aparezca un nuevo sentimiento me lo dices.

—Me siento muy asustada... me lo hace pasar muy mal...

—Siéntelo.

—Quiero agradarle pero nunca lo consigo.

---

2. Aunque los casos que se presentan son reales, los nombres de sus protagonistas han sido cambiados por cuestión de privacidad.

—¿Qué sientes?
—Mucha inseguridad y ansiedad.
—No la reprimas, siéntela.
—Me voy calmando...
—Ahora da la orden de liberar estos sentimientos, exprésalo así: «Ya que reconozco la carga de miedo y de inseguridad que siento, y que es una carga inútil, la dejo ir».
—Dejo ir el miedo y la inseguridad...
—Experimenta cómo se libera y sale de ti.
—Siento un alivio muy grande...
—Libera tu frustración.
—Dejo ir la frustración... siento más alivio...
—Libera la necesidad de agradarle.
—Dejo ir la necesidad de agradarle... mmm.... ahora siento mucha paz...

COMENTARIO. En la secuencia que hemos transcrito de esta resolución[3] vemos cómo su inseguridad obedecía a la carga emocional reprimida que había ido acumulando por mucho tiempo. Se usó la estrategia de *traer a la conciencia una determinada persona* (Juan), el cual personalizaba la causa del *caos de inseguridad* en el que se encontraba Laura. Se *eliminaron las emociones* que había reprimido y, como consecuencia se tranquilizó y sintió paz. Después de completar la liberación emocional, Laura pudo volver a recuperar la seguridad en sí misma y terminó con esa relación.

Asegurar que la liberación está terminada

Después de que se ha realizado la liberación de las emociones, pensamientos y somáticos que han fluido espontáneamente, es necesario volver al punto de inicio para asegurarnos de que la situación que se ha trabajado no tiene más memorias negativas.

Así pues, hay que volver a enfocar mentalmente la cuestión que se ha tratado y comprobar de nuevo qué se siente. Si la liberación no está

---
[3]. Tanto en este caso como en los siguientes que se presentan hemos escogido la secuencia más significativa para ilustrar aquellos aspectos importantes que requiere la sanación interior.

completada, la persona seguirá sintiendo emociones o sensaciones que hay que continuar liberando de la misma manera.

La evidencia de que la liberación se ha completado será que la persona sentirá paz interior y, la mayoría de veces, se habrá producido una reestructuración cognitiva, de tal manera que se concebirá aquella situación de una forma más positiva.

El caos del miedo

El miedo es una emoción primaria (natural) que surge ante una amenaza o un peligro que puede ser real o imaginario y genera una respuesta múltiple en el organismo. Al sentir el miedo, el organismo genera una respuesta adaptativa para evitar el peligro (huir) o enfrentarlo (luchar) con rapidez y garantizar así la supervivencia de la persona que lo experimenta. Entonces se incrementa el metabolismo celular, aumenta la presión sanguínea, la glucosa en la sangre, la actividad cerebral y la coagulación. El corazón bombea a mayor velocidad para llevar hormonas a las células, en especial adrenalina. También se incrementa el ritmo respiratorio, disminuye el sistema inmunitario y hay vasoconstricción en algunas zonas para facilitar que la sangre fluya hacia las extremidades y facilitar así la huida o el combate.

Existe miedo real cuando la dimensión del miedo está en correspondencia con la dimensión de la amenaza. Existe miedo neurótico (definido por Freud) cuando la intensidad del ataque de miedo no tiene ninguna relación con el peligro, y entonces suele relacionarse directamente con los estados de ansiedad.

El miedo se encarga en muchas ocasiones de hacernos conscientes de los peligros externos que nos pueden amenazar, y nuestro organismo los interpreta de la siguiente forma: primero los sentidos captan el foco de peligro, luego son interpretados por el cerebro y entonces entra en acción el sistema límbico. Este se encarga de regular las emociones de lucha, huida y, ante todo, la conservación de la persona. Además de todo esto, también se encarga de la constante revisión de la información dada por los sentidos, incluso cuando dormimos, para poder alertarnos en caso de peligro. Cuando esto ocurre, se activa la glándula que se encarga de desencadenar todo el sistema fisiológico del miedo descrito anteriormente.

En casos extremos de miedo puede llegar el pánico, que hará que se desactiven nuestros lóbulos frontales, retroalimentando el miedo y haciendo que se pierda la noción de su magnitud y, en muchas ocasiones, el control sobre la propia conducta.

El caso de Roberto

Roberto era una persona pacífica, honesta y de buen trato; se preocupaba por el bienestar de los demás y siempre estaba dispuesto a ayudar al que lo necesitaba. Tenía tal reconocimiento en su trabajo que lo presentaron como enlace sindical y entró a formar parte del comité de empresa. Desde este momento el reconocimiento que le profesaban cambió notablemente, encontrándose en medio de un fuego cruzado entre los intereses de los trabajadores y los de la empresa. Críticas, presiones, acusaciones, situaciones muy comprometidas, alguna amenaza porque difícilmente podía quedar bien con las dos partes. Pronto se dio cuenta de que había desarrollado una serie de miedos que antes no tenía hacia determinadas personas, situaciones y consecuencias futuras. Comenzó a perder peso, se volvió muy irritable, sufría insomnio, su calma y afabilidad desaparecieron, su esposa le recordaba que echaba de menos la armonía familiar. Los ansiolíticos que tomaba no le ayudaban a cambiar la situación.

Roberto sintió un notable alivio cuando se permitió experimentar cada uno de los sentimientos negativos que había estado reprimiendo tales como la rabia, la impotencia, la incomprensión, los temores y la frustración, pero seguía sintiendo ansiedad. Entonces volvíamos a enfocar la situación que Roberto vivía en la empresa. Durante las dos veces siguientes aparecieron algunas de las mismas emociones que aún no se habían liberado totalmente, y mezcladas con estas emergían también otras emociones que salían por primera vez; pero la ansiedad que sentía seguía resistiéndose a desaparecer.

—Céntrate en sentir la ansiedad y deja tu mente libre para que pueda darnos la causa que aún la mantiene —le dije.

—Parece que aumenta de intensidad... vuelvo a sentir miedo...

—Libera este miedo.

—Dejo ir el miedo... no se va...

—Sigue centrado en el miedo.
—Se me acelera el corazón y empiezo a sentirme muy mal...
—Permite que fluyan estas sensaciones y sigue atento.
—¡Ah!... me ha venido una imagen...

Su respiración se aceleró y su nivel de angustia también se hizo más intenso.

—Adelante, revive lo que ocurrió en esta experiencia.
—Fueron tres trabajadores de la empresa... me acorralaron y me amenazaron con hacerle daño a mi familia...

Le pedí que narrara la experiencia mientras le ayudaba a liberar las emociones y los somáticos que tenía asociados; tuvimos que repetirlo dos veces hasta asegurarnos de haber liberado toda la carga emocional. Seguidamente le pedí que se observara y me confirmó que la ansiedad había desaparecido totalmente. La expresión de su semblante también había cambiado y se le notaba muy relajado mientras comentaba:

—No podía imaginar que me hubiera afectado tanto esta experiencia, porque dos días después del incidente los compañeros vinieron a disculparse y todo quedó arreglado.

COMENTARIO. Aquí se usó la estrategia de *centrar la atención en el síntoma*, ya que su ansiedad presentaba mucha resistencia a desaparecer. Después de que la intensidad del síntoma siguiera su ciclo natural (aumento y disminución), liberó algunas *emociones reprimidas* más hasta que apareció en su mente la imagen de una experiencia traumática. Entonces solo tuvimos que realizar la estrategia de *revivir mentalmente una experiencia* y la ansiedad desapareció definitivamente.

En esta sección solo hemos presentado dos casos por cuestión de espacio. En los próximos capítulos seguiremos usando este recurso de liberación con diferentes aplicaciones para que pueda ser bien comprendido y asimilado. Desde nuestra experiencia podemos asegurar que sería innumerable la cantidad de problemas que las personas sufren y suelen resolverse perfectamente con solo liberar las emociones que tienen reprimidas.

LIBERACIÓN DE CREENCIAS Y GUIONES NEGATIVOS

Conoceréis la verdad, y la verdad os hará libres.
Jesús de Nazaret

LA GRAN DIFICULTAD que entraña liberarnos de las *creencias limitantes* es que les atribuimos el valor de verdad y sobre esa «verdad» vamos sosteniendo otras creencias, sentimientos y experiencias que para nosotros son importantes; cuanto más sentencias, afirmaciones, coincidencias y «evidencias» se encuentren asociadas a una de estas creencias limitantes, más resistencia tendremos a deshacernos de ella. De la misma forma ocurrirá con aquellas emociones, sensaciones o actitudes que se formaron sobre alguna de estas creencias: su liberación vendrá condicionada por el cambio de la creencia.

Como ya se ha dicho anteriormente, los programas mentales que se han instalado en nuestro inconsciente dirigen nuestra forma de comportarnos y provocan muchas de las situaciones que vivimos. Entonces solemos darnos explicaciones para darle sentido a nuestra experiencia y decimos cosas como «es mi destino», «traigo mala suerte» o cualquier otra expresión generalmente falsa que llega a formar parte de nuestro sistema de creencias.

Nunca podemos ir más allá de nuestras creencias, tanto para bien como para mal; ellas son las que potenciarán o condicionarán nuestra vida según su signo. Por esta razón es tan importante tomar conciencia de nuestras creencias sobre cualquier aspecto de la vida y valorar la trascendencia que tienen en nosotros.

A continuación enumeramos algunas pautas que nos pueden ayudar al cambio de creencias falsas, limitantes o disfuncionales:

- Es imprescindible *identificar las creencias que nos condicionan.* Algunas de ellas se harán fácilmente conscientes, mientras que con otras será necesario usar los recursos propuestos en el capítulo titulado «Qué necesitamos liberar y cómo descubrirlo». Solo podemos cambiar aquello que se nos hace consciente. Mientras una creencia forme parte del inconsciente no tenemos la capacidad de poder trabajar con ella ni de liberarnos.

- Junto con su identificación también *necesitamos valorar y tomar conciencia de la necesidad de eliminarla o cambiarla.* No siempre hay la motivación suficiente para enfrentarnos con ella, ya que puede encontrarse asociada a otros factores que entrarían en conflicto con otras creencias o sentimientos. Por ejemplo, cambiar una creencia puede hacernos sentir culpables de traicionar a personas que tienen nuestro reconocimiento, o a ideas morales o religiosas.

   Este aspecto es quizás el más determinante a la hora del cambio; nadie carga con algo inútil y que lo está perjudicando a él o a los suyos, pero sí es capaz de sacrificarse (inútilmente) por un prejuicio. Por esa razón, para cambiar una creencia es necesario llegar al fondo y sacar a luz todo lo que se encuentra asociado con ella para eliminar posibles resistencias.

- El siguiente paso es *imaginar cómo sería nuestra vida con una nueva creencia más positiva* para nosotros. Al hacerlo sentiremos como si entrara un rayo de luz en una habitación oscura. Seguramente podemos vislumbrar la nueva situación sintiendo alegría interior y liberación, como si una carga se desprendiera de nosotros. Al imaginar nuestra vida con la nueva creencia, es como poner un pie en la nueva realidad que sustentará la nueva creencia. Esto nos ayuda a realizar el siguiente proceso racional.

- *Realizar un simple razonamiento para activar la liberación de la creencia limitante.* Se trata de hacer una expresión sencilla de sentido común, por ejemplo: «Ahora que me doy cuenta de lo inútil y perjudicial de esta creencia en mi vida; no voy a seguir cargando con ella». Es un reconocimiento de la realidad que hemos vivido hasta el momento presente condicionada por la creencia. Al hacer este reconocimiento nuestra mente se abre a desprenderse sin miedo de la creencia limitante y recibir la nueva.

- Ahora solo queda *declarar que dejamos ir esta creencia* de la misma forma que hemos hecho con las emociones negativas que nos tenían secuestrados. Se trata de una *declaración sentida*. Con eso queremos decir que a la vez que declaramos su liberación, la experimentamos. Y eso ocurre cuando interiormente nos disponemos a experimentarlo.

Este sería el proceso natural de cambio que va desde la identificación a la liberación. Pero por supuesto, existen muchas otras formas de cambiar una creencia por otra, algunas muy efectivas, dependiendo de las circunstancias o características que se relacionan con ese cambio.

Uno de los métodos que ha demostrado ser muy efectivo y se encuentra descrito en otros capítulos es el *trabajo con afirmaciones*. Lo utilizaremos en diferentes ocasiones para resolver situaciones en que la persona se sentía atrapada en sí misma.

A continuación veremos dos tipos de caos emocional en los que comprobaremos la importancia de las creencias limitantes y cómo deshacernos de ellas.

El caos de la irascibilidad

Cualquiera puede encolerizarse puntualmente, pero si en lugar de ser algo accidental y justificado se convierte en un comportamiento habitual estamos hablando de irascibilidad.

La ira es una emoción que se expresa con el resentimiento, la furia o la irritabilidad, como una forma de reacción y respuesta evolutiva para permitir al ser humano enfrentarse con amenazas. Los efectos físicos de la ira incluyen aumento del ritmo cardíaco, de la presión sanguínea y de los niveles de adrenalina y noradrenalina.

Las personas tienden a expresar su ira de forma pasiva o agresiva a través del comportamiento de atacar o huir. En la ira pasiva (huida), la respuesta es la represión y la negación del comportamiento agresivo. Sin embargo, la ira agresiva se caracteriza por el comportamiento contrario (ataque), así como el uso de la fuerza física y verbal, los abusos y el herir a otros.

Hay tres tipos de ira:

- La *ira repentina*, que está conectada al impulso de auto preservación.
- La *ira estable e intencionada*, que es una reacción a una percepción de daño o trato injusto por otros de manera malintencionada.
- La *ira como rasgo del carácter* es recurrente y está relacionada con las características de la personalidad más que con los impulsos instintivos. La irritabilidad, el resentimiento y las actitudes de mala educación son ejemplos de este tipo de ira.

La ira puede ser destructiva cuando no encuentra su salida apropiada en la expresión. La ira, en su forma fuerte disminuye la capacidad para procesar información y para ejercer control sobre la conducta. Una persona enfadada suele perder su objetividad, empatía, prudencia o consideración, y puede causar daño a otros. Aunque hay una clara distinción entre la ira, la hostilidad y la agresión (verbal o física, directa o indirecta), existe una íntima relación entre ellas.

En la sociedad moderna la ira es vista como una respuesta inmadura o incivilizada a la frustración, a la amenaza o a cualquier injusticia. Por el contrario, mantener la calma ante una provocación se considera admirable. Pero reprimir la ira sin darle una salida adecuada puede causar diferentes problemas tales como hipertensión, arritmias cardíacas, dolores de cabeza, diferentes problemas digestivos tales como úlceras gástricas, alteraciones respiratorias, glaucoma, insomnio o depresión.

LIBERACIÓN DE CREENCIAS Y GUIONES NEGATIVOS

El caso de Silvia

Silvia era una mujer irascible. A sus 35 años sufría de hipertensión, parecía estar enojada con el mundo entero, muy fácilmente se irritaba y cuando entraba en furia arrasaba con lo que se ponía delante. Su tolerancia a la frustración era mínima, por no decir inexistente, y las relaciones de pareja que había tenido hasta entonces habían terminado al poco tiempo de iniciar la convivencia porque esta se hacía insostenible.

En realidad, Silvia no era capaz de conectar con sus verdaderas emociones y sentimientos, y mucho menos de expresarlas de otra forma que no fuera a través de la ira. Desde pequeña había aprendido que los demás debían reconocer en todo momento sus deseos y necesidades para actuar en consecuencia, lo cual no siempre ocurría según su expectativa. Entonces se iniciaba un ciclo donde la frustración daba irremediablemente paso a la ira.

Silvia se daba cuenta de que este tipo de reacciones arruinaban sus relaciones; ella no soportaba al mundo ni el mundo la soportaba a ella. Así que decidió recibir ayuda para resolver su problema de irascibilidad.

Aunque relató muchas experiencias sobre los problemas que había tenido con sus relaciones de pareja y sus jefes, no empezamos por ahí.

Le pedí que se relajara por un momento y sacara de su mente todas aquellas conclusiones.

—¿Qué es lo que más te ha frustrado en tu vida? —le pregunté.

—Mi padre —dijo después de un largo silencio.

—¿Qué hizo tu padre para frustrarte tanto?

—Nunca me ha reconocido como hija suya públicamente.

—Ya.

—Soy hija de madre soltera. Mi padre estaba casado y tenía tres hijos; yo solo lo veía cuando podía escaparse para visitar a mi madre.

—¿Y qué sientes al pensar en esto?

—Mucho dolor.

—Acéptalo y déjalo ir.

—También siento rabia, mucha rabia...

—Acéptala y déjala ir.

—Me cuesta dejarla ir, hay mucha, mucha rabia dentro de mí...

—No importa, sigue dejándola ir y mantente centrada en la rabia para que tu mente nos dé lo que la causa.

—Mis hermanos no quisieron estudiar y mi padre decía que su ilusión era que sus hijos tuvieran estudios universitarios. Yo me esforcé para agradar a mi padre y conseguí lo que ninguno de ellos, pero mi padre nunca me reconoció. Siento mucha injusticia... mucha tristeza... (expresaba esto con mucha amargura). Yo pude con todo menos conseguir el reconocimiento de mi padre.

—¿Te das cuenta de que proyectas los sentimientos que tienes con tu padre a los hombres que se cruzan en tu vida?

—Sí, lo sé... (con una expresión de dureza en su rostro), *todos los hombres son iguales*.

—¡Esta es la clave! —le dije—. ¿Esta afirmación también la decía tu madre?

—Sí, en esto estamos de acuerdo las dos.

—Has de soltar esta creencia.

—No creo que pueda.

—¿Qué te lo impide? Solo es una creencia.

—Esta creencia me protege... No quiero que nadie me engañe como hizo mi padre con mi madre, ni que nadie me humille como él hizo conmigo.

—De momento, esta manera de protegerte está arruinando tu vida.

Se quedó unos momentos pensativa, luego dijo lo siguiente:

—En el fondo sé que todos los hombres no son iguales; reconozco que mis parejas lo han pasado muy mal conmigo... y, siendo sincera, cuando los agredía (exigencias, acusaciones, humillaciones, etc.), sentía placer. Algo muy extraño, una parte de mí estaba muy airada y sentía placer al actuar así, en cambio, otra parte de mí luego se arrepentía.

—Tú deseas encontrar un hombre que te ame, que tus jefes te consideren y te traten amablemente y, en general, una mejor relación con tus amistades, ¿cierto?

—Sí.

—Pues vamos a soltar esta falsa creencia que te está haciendo mucho daño a ti y a los que se relacionan contigo.

—Ahora sé que esta creencia está detrás de mis emociones negativas y del mal comportamiento con los hombres, y no quiero seguir siendo su víctima, así que la suelto y la dejo ir (haciendo un profundo suspiro)...

—¿Qué experimentas?

—Un gran alivio; me he dado cuenta de que estaba tensa, a punto de saltar como una pantera. Ahora siento mucha pena porque sé que yo también he sido injusta... tanto o más que mi padre... ellos me daban amor y yo les devolvía venganza...

COMENTARIO. Planteamos la estrategia de la *autorreflexión* de forma directa para ahorrarnos mucho tiempo y apareció de inmediato la causa de sus problemas: su padre. Silvia se sentía profundamente dolida con su padre. Pasamos a liberar las *emociones reprimidas* y enseguida salió lo frustrada e injustamente tratada que se sintió por haber sido la única hija que cumplió los deseos del padre, pero ni aun así consiguió su reconocimiento. Ella generalizó la idea que tenía de su padre a todos los hombres y su forma inconsciente de vengarse era atraerlos para poder maltratarlos. Se trabajó entonces con la liberación de *falsas creencias* y su forma de ver a los hombres cambió totalmente.

El caos de la confusión

La confusión mental en psicología se entiende como una disminución de la actividad de la conciencia. Existen varios grados de confusión que van desde una leve obnubilación (incapacidad para pensar con cierta claridad) hasta el estado de estupor: la persona se mantiene en estado consciente pero no puede responder a los estímulos externos, como en un estado de desconexión. Pueden decir frases sin sentido y realizar repeticiones de movimientos estereotipados. Un tipo de estupor que resulta de vivir situaciones de estrés es el llamado *estupor disociativo.*

Cuando una persona se encuentra en un estado de confusión mental, se da cuenta de que no tiene la capacidad para pensar de manera tan clara y rápida como lo hacía en condiciones normales. Se siente desorientada y tiene dificultad para prestar atención, recordar y tomar decisiones.

El caos de la confusión puede aparecer en forma rápida o lentamente con el tiempo, según la causa que lo haya originado. Muchas veces es temporal y no debiera confundirse con el delirio o la demencia.

El caso de Amanda

Amanda es una mujer divorciada y separada de una segunda relación; tanto una como la otra acabaron de forma tormentosa. Después de estas experiencias cambió de residencia y compartió apartamento con otra mujer que es lesbiana; poco a poco fue creándose entre ellas una amistad que fue derivando en expresiones de mucho cariño y ternura. Amanda, que se encontraba muy necesitada de afecto, se dejó llevar por la nueva experiencia y sin apenas meditarlo, se encontró de lleno compartiendo una relación homosexual. Pasado un año comenzó a dormir mal por las noches y a sentirse inquieta durante el día; le costaba pensar con claridad y concentrarse en su trabajo. Ella es profesora de secundaria y en ocasiones su mente se quedaba en blanco y tenía que ausentarse de la clase justificando una indisposición. Sus referentes morales se habían trastocado, tenía muchas dudas sobre su identidad sexual y se encontraba en conflicto con sus principios religiosos. En su ámbito familiar y social nadie conocía su relación con su compañera de apartamento y ella sabía con certeza que no sería aceptada.

—No sé por dónde empezar, mi mente es como un tiovivo de pensamientos y sentimientos que no puedo detener —me dijo al entrar en la consulta.

—Cierra los ojos y trata de atrapar uno de ellos —le dije.

—Creo que he perdido el norte.

—Bien, acéptalo, permítete sentirlo y dime qué ocurre.

—Acepto que he perdido el norte... siento que me acelero, mi corazón late más deprisa... me estoy asustando...

—Permite que fluyan estas sensaciones sin rechazarlas ni reprimirlas.

—Me parece que me va a dar algo...

—Sigue consciente de lo que ocurre dentro de ti.

—Siento mucho miedo... mucha presión... me duele mucho la cabeza...

—Acepta cada síntoma y cada sentimiento, déjales que encuentren la salida.

—Me siento fatal conmigo misma... muy decepcionada... mucha rabia... muy culpable... me siento utilizada...

LIBERACIÓN DE CREENCIAS Y GUIONES NEGATIVOS

Conforme Amanda iba reconociendo las emociones, los somáticos y los pensamientos negativos, la iba guiando para que diera la orden interior de liberación: «Suelto esta presión», «Dejo ir la idea de que me va a dar algo», etc.

—Reconoce que el sentimiento de decepción que tienes contigo no te es útil para nada, por lo tanto, suéltalo y déjalo ir —seguí diciéndole.

—Libero la decepción que tengo conmigo misma... siento que le he fallado a Dios y a todos los que me quieren y confían en mí...

—No sigas cargando con esa carga de culpabilidad inútil, suéltala.

—Sí, dejo ir este sentimiento de culpabilidad tan grande que siento...

—Deja ir también toda la resistencia que has tenido hasta ahora para no sentir estos sentimientos.

—Sí... dejo ir toda la resistencia y represión que he hecho para no sentir todo eso...

—Dime qué sientes ahora.

—Mucha paz. Hace mucho tiempo que no siento esta paz. Le había pedido muchas veces perdón a Dios pero no sentía esta paz que siento ahora.

Una vez que se encontraba relajada, le pregunté:

—¿La experiencia que estás viviendo en esta relación es lo que deseas para tu vida?

—No —me contestó con convicción.

—Si lo deseas, ahora puedes terminar con esta experiencia.

—¿Cómo lo hago?

—Enfoca mentalmente a esta persona y dile lo que realmente piensas y sientes.

—Lo siento, Natalia... quiero dejarlo... Asumo mi responsabilidad por haberme equivocado. Me cuesta mirarle a la cara...

—¿Qué sientes?

—¡Es muy fuerte! —dijo sintiéndose sorprendida—, ahora siento rechazo sexual hacia ella...

—Deja ir esas sensaciones.

—Libero la sensación de rechazo sexual que siento... Ya la puedo mirar a la cara. Me viene a la memoria cuando nos conocimos y lo que comencé a sentir con ella.

—Adelante.

—Yo estaba muy decepcionada de los hombres. No hay uno que valga la pena. Todos buscan lo mismo. Cuando se lo das, luego te menosprecian y te maltratan.

—¿Seguro? Estas ideas también ayudaron a confundirte.

—Sí, es cierto. En realidad estaba muy frustrada por las dos relaciones que no funcionaron.

—Deja ir este sentimiento.

—Libero mi frustración... y toda la rabia que siento contra el segundo... Yo necesitaba que me quisiera y me menospreció... me humilló.

—Esta necesidad de afecto te lleva a no valorarte, libérala.

—Suelto mi necesidad de afecto. Lo siento, Natalia —dijo en otro tono más firme—, ahora me doy cuenta de que yo estaba dolida y necesitada y tú me manipulaste...

—Acepta tu parte de responsabilidad y devuélvele la suya.

—Sí, yo lo consentí. Me dejé llevar a cambio de la ternura que me daba. Acepto mi responsabilidad y te devuelvo a ti la tuya. Ufff... qué liberación más grande...

COMENTARIO. En este caso se usó la estrategia de *sencillamente observarse en el momento presente,* puesto que Amanda se encontraba sumergida en el *caos de la confusión* y le era difícil centrarse en algo concreto. Se comenzaron a liberar los somáticos hasta que aparecieron las emociones reprimidas y los pensamientos negativos que los provocaban. Una vez se encontraba más relajada, pudo llegarse al núcleo del caos realizando la estrategia de la simulación mental en la que Amanda le decía a Natalia lo que realmente pensaba y sentía. De esa manera se liberaron falsas creencias y más emociones reprimidas hasta que Amanda pudo ver lo que sucedió de forma clara y objetiva, lo cual resultó en su liberación total.

Tal como hemos visto, las creencias y las emociones van íntimamente unidas; no suelen presentarse unas sin las otras. Generalmente es necesario liberar las emociones en primer lugar para poder actuar sobre las creencias negativas y eliminarlas o cambiarlas. El hecho de dedicar secciones diferentes a las emociones y a las creencias solo ha tenido un fin didáctico.

LIBERACIÓN DE LAS NECESIDADES ESENCIALES

Todo el que procure salvar su vida, la perderá; y todo el que la pierda, la salvará.
Jesús de Nazaret

A VECES nos preguntamos por qué hay personas que se sienten mal y actúan de forma desconsiderada contra otras o contra sí mismas. No parecen tener motivos que justifiquen el malestar que proyectan sobre los más cercanos, pero una inquietud interior que se escapa de su control los empuja a ser demasiado reactivos ante situaciones normales de la vida. Suelen sentirse injustificadamente tristes y se aíslan, se gratifican compulsivamente, muchos caen en adicciones, desarrollan un perfeccionismo agobiante, manifiestan poca tolerancia a la frustración o exhiben un egocentrismo exagerado.

Estas personas han acumulado desde su niñez carencias afectivas y de valoración, se han sentido tratadas indignamente y han crecido en la inseguridad, en la frustración y en la impotencia. Por su parte, inconscientemente han seguido su instinto de supervivencia buscando o elaborando sustitutos que compensaran o neutralizaran sus inquietudes internas.

Estas estrategias instintivas les han sido útiles temporalmente, pero, como la experiencia demuestra, cualquier estrategia paliativa requiere seguir dependiendo de ella indefinidamente porque no resuelve la causa del problema.

Mientras una parte de la persona se encuentre dependiente o atrapada en una carencia esencial, la inquietud interior está asegurada, la búsqueda de satisfacción no cesará, y posiblemente llegue a sentir la frustración de creer que la vida no tiene mucho sentido.

A pesar de lo que acabamos de decir, hay un camino seguro que nos puede llevar a la liberación para poder vivir nuestra vida lejos de estas ataduras frustrantes. Se trata de comprender que mientras sigamos en el empeño de dar satisfacción a esta parte nuestra que se quedó insatisfecha y demandante no podremos madurar emocionalmente y disfrutar de otras oportunidades afectivas que la vida nos proporcionará, porque inconscientemente lo enmarañamos todo.

Para poder salir de esta trampa es necesario cambiar algunas creencias muy arraigadas que están unidas al temor. ¿Cómo podemos renunciar a una necesidad esencial? ¿Cómo podemos dejar de hacer lo que hemos hecho hasta ahora si nos ha ayudado a seguir adelante? Este sería el obstáculo importante que hay que superar: *deshacernos de la necesidad de satisfacer la carencia*. En ningún caso esto significa precipitarnos en un abismo oscuro y desconocido, sino liberarnos de una vez por todas de este servilismo inútil y frustrante.

A partir del momento en que nos liberamos de la necesidad esencial insatisfecha, ya no es necesario buscar más sustitutos ni tener que compensar de la manera que sea lo que le falta a nuestro «niño interior». Al no existir necesidad, tampoco hay nada que reclamar, nada que pelear, ningún motivo para sentirse defraudado, triste o ansioso. Sencillamente, experimentamos liberación. A partir de aquí se hace la luz y comenzamos a ver lo que antes éramos incapaces de siquiera vislumbrar, dejamos de ser *niños demandantes* y *egocéntricos* para abrirnos a la riqueza que la vida nos proporciona y entonces experimentamos el crecimiento interior.

El caos de la ansiedad y de la angustia

La ansiedad es una sensación desagradable y difusa de inquietud. Se suele acompañar de dolores de cabeza, palpitaciones, opresión en el pecho, molestias gástricas y pensamientos negativos, aunque varía de una persona a otra según el grado de severidad. En realidad, la ansiedad es una señal de alerta, como lo es el miedo, pero se encuentra más cerca del desorden psicológico en el que la persona experimenta síntomas similares pero con la diferencia de que estos se manifiestan aunque no exista un riesgo aparente.

Aquellos que sufren ansiedad se encuentran, en cierto modo, indefensos e incapaces para poder hacer frente a los síntomas que interfieren en sus actividades diarias y en las interacciones con otras personas.

La ansiedad es a menudo una de las principales causas de otros trastornos psicológicos, tales como trastornos psicosomáticos, de angustia, obsesivo-compulsivos, fobias y trastornos de personalidad.

Aunque ansiedad y angustia son palabras que se utilizan muchas veces de forma indistinta, la angustia hace referencia a una sensación más física, caracterizada por opresión en el pecho o el estómago y acompañada de un temor inminente a morir o a perder el control.

El caso de Berta

Cuando la conocimos Berta era una joven de 24 años de edad. Vivía en un estado de ansiedad constante. Era consciente de que siempre tenía mucha tensión, se preocupaba excesivamente por las situaciones que vivía y, sobre todo, por el futuro. Sufría insomnio, dolores musculares, cansancio, falta de concentración e irritabilidad. Todo eso la limitaba para realizar su posgrado de forma adecuada y aunque hacía deporte y tomaba alguna medicación no conseguía tranquilizarse y neutralizar los síntomas que sufría. No recordaba haber tenido ninguna experiencia traumática ni tampoco haber vivido una infancia difícil; sencillamente, alrededor de los 18 años comenzó a sentir una ligera inquietud que había ido en aumento, derivando en un trastorno de ansiedad generalizada.

En una de las sesiones Berta conectó un incidente actual con una vivencia de su infancia, y salieron a la luz aspectos de su experiencia de los que no era consciente. Era una tarde en que ella se encontraba sola en casa porque sus padres estaban visitando a unos amigos, comenzó a sentir más inquietud de la habitual y no podía concentrarse en el estudio ni tampoco distraerse con otras actividades. Se levantaba, miraba por la ventana y volvía a sentarse delante del televisor. No sabía por qué estaba haciendo eso, pero no podía disfrutar de aquella tarde tranquila.

Le pedí que cerrara los ojos y enfocara la experiencia permitiéndose sentir.

—No me siento bien —dijo mientras se observaba a sí misma—, siento ansiedad.

—Acéptala y permítete sentirla —le dije.

—Aumenta la ansiedad...

—No te preocupes, déjala que fluya y pueda liberarse.

—Me viene cuando tenía unos diez años. La casa estaba oscura, afuera llovía.

—¿No estaba tu madre?

—No, mi madre trabajaba en una tienda y llegaba más tarde. Por años me quedé en casa de una vecina hasta que mi madre cerraba la tienda, pero a esa edad yo prefería estar en casa.

—¿Qué pasó esa tarde?

—Me sentí muy sola, aunque siempre estaba sola, me distraía con diferentes cosas; pero esta vez me sentí muy sola y también con una inquietud que no había sentido antes. No podía controlarla, intenté distraerme haciendo diferentes cosas pero fue como si se hubiera apoderado de mí. Donde iba, la inquietud iba conmigo. Ahora me estoy dando cuenta de que a partir de aquel día siempre he tenido algún nivel de inquietud. Nunca fue tan fuerte como ahora, ni tampoco antes sabía identificarlo, pero reconozco que allí comenzó mi ansiedad.

—En aquel momento intentaste luchar contra la soledad y ahora necesito que la aceptes y te permitas sentirla.

—Solo siento ansiedad.

—Detrás de la ansiedad se encuentra la soledad, y tienes que llegar hasta ella para no estar tratando de huir toda la vida. Piensa en la soledad que sentiste aquel día.

—Sí, empiezo a sentirla. Siento miedo... afuera se está poniendo muy oscuro... Me siento sola y desamparada. Saldría corriendo a buscar a mi madre, pero también me da miedo. Siento mucha ansiedad.

—Deja ir la necesidad de hacer algo y quédate observando la escena.

—No sé si podré soportarlo...

—Esta idea, también déjala ir.

—Necesito que mi madre esté conmigo.

—Deja ir esta necesidad también.
—Tengo la sensación de que me va a pasar algo y estoy indefensa.
—Deja ir esta sensación también.

Su respiración se fue sosegando y las facciones de su cara también se relajaron.

—Me voy sintiendo más tranquila.
—¿Sientes alguna amenaza?
—Ahora no.
—¿Estás viendo la misma escena?
—Sí, pero es diferente, ahora me siento más tranquila. De hecho, cada tarde estaba sola hasta que venía mi madre y no me sentía mal, no sé qué me pasó esta vez.

COMENTARIO. Aunque Berta nos aseguraba en principio que no había vivido ninguna experiencia traumática, sí había una primera experiencia en que ella sufrió la ausencia de su madre asociada al miedo, al desamparo y la ansiedad. Los intentos que hizo para neutralizar sus sentimientos solo sirvieron para reforzar sus sentimientos negativos y dejar una huella en su memoria que con el tiempo fue desarrollando un estado de ansiedad mucho más intenso y consciente.

Desde el principio buscamos la asociación de su estado de ansiedad actual con alguna experiencia de su pasado hasta que nos la proporcionó su mente. A través de ella pudimos comprobar que una parte de Berta seguía aferrándose a algunas de las necesidades esenciales que en su momento no fueron satisfechas y causaron sufrimiento. Este hecho que deja huella en el inconsciente sigue manifestando el síntoma de forma indefinida hasta que *la necesidad desaparece*. En el momento en que esto ocurre, la inquietud que se generó como consecuencia de los intentos frustrados de neutralizar la necesidad también desaparece.

El caso de Carolina

Carolina es profesora de la Facultad de Medicina de su ciudad. En el momento en que la conocimos sufría frecuentes episodios leves de angustia; se encontraba muy desorientada en cuanto a su futuro profesional y había perdido la motivación por su trabajo. Debía tomar algunas decisiones en cuanto a los programas que debía desarrollar y se sentía incapaz de hacerlo. Su indecisión le producía ansiedad y esta ansiedad la bloqueaba de tal forma que ya se estaba planteando dejar la facultad y dedicarse a otro tipo de profesión.

Cuando había intentado buscar apoyo en otras personas de confianza se había confundido más, pues cada una le daba su propia visión de la situación y eso aumentaba su inseguridad. Había recibido cursos de autoayuda para el desarrollo personal pero tampoco le habían sido útiles para esta cuestión, y como es una persona con valores espirituales, intentaba recibir la luz y la fuerza que necesita intensificando su relación con Dios en un contexto religioso.

En una de las sesiones que trabajamos su inseguridad, le vino a la mente la relación que había tenido con su padre. Nunca se llevaron bien. Ella reconocía que había sufrido mucho con él y, aunque se esforzaba mucho por agradarle, nunca lo conseguía. Este tipo de relación fue minando su autoestima y la seguridad en sí misma; aprendió que no tenía valor por ser quien era, sino por lo que hacía, siempre y cuando lo que hiciera fuera del agrado de su padre.

—Cuando piensas en tu padre, ¿qué sientes? —le pregunté.

Cerró los ojos y se mantuvo en silencio durante algunos segundos.

—Siento ansiedad.

—Acéptala y siéntela.

—Va en aumento...

—No importa, sigue sintiéndola y observa qué viene a tu mente.

—Siento ganas de llorar... Mucha rabia e impotencia, mucha lástima de mí misma.

—¿Qué es lo que te hace sentir lástima de ti misma?

—Me veo tratando de esforzarme en todo para agradar a mi padre y que me reconozca igual que a mi hermano. Me siento muy frustrada. Para él mi hermano todo lo hace bien, en cambio yo nunca he podido satisfacerle.

—Necesitamos que sueltes toda la rabia y la impotencia.

—Sí. La suelto... la dejo ir...

—Suelta también la lástima que sientes de ti misma y la frustración.

—Sí... también la libero...

—Ahora quiero que dejes ir la necesidad que tienes de reconocimiento.

—Eso no puedo hacerlo, necesito que me valore. Yo me esfuerzo mucho para agradarle.

—¿Tienes miedo?

—Sí. Tengo miedo de que él nunca me valore. Qué será de mí... me sentiré sola y perdida...

—Es todo lo contrario, esa será la única forma en que te vas a encontrar a ti misma, vamos a probarlo.

—Dejo ir la necesidad que tengo de que mi padre me reconozca.

—Experimenta cómo esta necesidad se libera.

—Me siento extraña.

—Ahora deja ir la necesidad de valoración y de aprobación.

—Dejo ir la necesidad de que mi padre me valore. Dejo ir la necesidad de aprobación.

—Deja ir toda la resistencia que has hecho durante tanto tiempo a dejar ir estas necesidades.

—También dejo ir mi resistencia a soltar estas necesidades.

—Deja todos los intentos y esfuerzos por conseguir el reconocimiento y la aprobación de tu padre.

—Dejo ir... —llora compulsivamente—. Mi padre no tiene ni idea de todo lo que hice para agradarle. Sí, no tiene ningún sentido seguir atrapada aquí. Dejo ir todos los esfuerzos y frustraciones que sufrí y que fueron tan inútiles. Creo que cuanto más lo intentaba, menos lo conseguía.

—¿Cómo te sientes?

—No tengo ni idea del tiempo que hace que no me sentía como ahora. Una liberación indescriptible, mucha paz y tranquilidad, muy liviana y mucho más lúcida.

COMENTARIO. Para Carolina era tan importante la necesidad de aprobación y reconocimiento que sufría muchísimo a la hora de tomar decisiones y de enfrentarse a situaciones en las que pudiera ser cuestionada. Se encontraba atrapada por algunas de sus *necesidades esenciales no satisfechas*, y cuando *decidió liberarlas* la parte de ella que se encontraba demandante y dependiente dejó de estarlo. Por supuesto, hubo que superar el temor a renunciar a ellas, pues la creencia interior que suele encontrarse asociada a este tipo de dependencia es un abismo de falta de sentido en la vida.

En nuestra etapa de infancia dependemos totalmente de nuestros padres tanto física como anímicamente, tenemos necesidades físicas que ellos satisfacen, pero también tenemos necesidades anímicas. Cuando estas necesidades no son satisfechas por quien debe hacerlo, nuestro instinto de supervivencia intenta suplirlo realizando conductas que llamen la atención para que el progenitor actúe en consecuencia y dé satisfacción a nuestra necesidad. Si nuestra frustración persiste, como la necesidad se va reforzando buscaremos sustitutos, formas de compensarla o maneras de liberar la rabia que produce esta frustración. Todo este proceso explica la mayoría de los malos comportamientos de los niños.

Pero hay otra cuestión. Una parte de nosotros queda atrapada en esta demanda frustrada; las necesidades esenciales siguen ahí sin satisfacer y aun siendo adultos una parte de nosotros sigue pendiente de estas necesidades, reclamándolas donde no debe. Aunque muchas personas encuentran quién logra dar satisfacción a las demandas de sus necesidades esenciales, nunca quedan totalmente satisfechas y viven siempre en dependencia de lo que los demás van a pensar, a decir o a hacer.

Solo hay una forma de auténtica liberación: soltar la necesidad que se encuentra en nuestras memorias de la infancia y con el tiempo hemos reforzado de satisfacer a nuestras necesidades esenciales. Una vez que nuestras memorias han quedado libres de este sentimiento, la dependencia queda resuelta y somos realmente libres para poder vivir de acuerdo a la etapa de la vida que nos corresponde.

LIBERACIÓN DE LAS INTERPRETACIONES, JUICIOS Y PREJUICIOS

¿Y por qué te preocupas por la astilla en el ojo de tu amigo, cuando tú tienes un tronco en el tuyo?
Jesús de Nazaret

Cuando hablamos de interpretaciones, juicios y prejuicios estamos haciendo referencia a nuestras proyecciones inconscientes con respecto a todo lo que nos rodea. Es nuestra mente la que comprende y le da significado a lo que percibe de acuerdo a la información que tenemos en ella, y a partir de esta comprensión se generan los juicios y prejuicios. La palabra «oveja» no significa lo mismo para el pastor, el ganadero, el esquilador, el curtidor, el carnicero, el lechero, el cocinero, el comensal o el pintor. Aunque la oveja es única, cada uno de estos personajes tiene una idea diferente sobre ella, la valora y la concibe según la información que haya en su mente asociada a este animal y al tipo de interacción que pueda tener con él.

Necesitamos interpretar cualquier circunstancia para comprender qué nos están diciendo o está sucediendo, y entonces poder darle un significado. Del resultado de nuestra interpretación van a depender nuestros pensamientos, sentimientos y comportamiento.

Es muy difícil que exista una sola interpretación para un mismo hecho; diferentes personas le darán distintas interpretaciones, por eso la interpretación siempre es una construcción mental particular de cada cual. Si fuéramos capaces de asumir que ante cualquier situación pueden darse otras interpretaciones con sentido diferente a la que nosotros hemos efectuado, nos encontraríamos en un nivel más elevado que nos permitiría poder escoger la interpretación más inteligente o conveniente.

Directamente relacionados con las interpretaciones se encuentran los juicios que tienen un alcance mucho más global, pues valoran y califican a las personas y a las experiencias que vivimos. Aquí actúa de forma mucho más determinante nuestro sistema de creencias, y discriminamos entre lo que concuerda o no con ellas y lo que consideramos aceptable o rechazable, para llegar a conclusiones que nos permiten posicionarnos en la vida. Por supuesto, los juicios que hacemos pueden ser positivos o negativos, constructivos o destructivos, y a través de ellos vamos conformando nuestra vida y nuestras relaciones.

Para que puedan cambiar nuestros juicios, antes sería necesario cambiar algunas de nuestras creencias; si estas no cambian, podemos encontrarnos con curiosas paradojas en las que puede darse una situación que claramente nos perjudica y, a su vez, seguir aferrados a ella porque nuestras creencias nos impiden verla de otra manera.

Otra forma de juicio son las deducciones y suposiciones basadas en las creencias de cómo serán las cosas en un futuro o ante una circunstancia que aún está por ocurrir. A esto le llamamos prejuicios y necesariamente determinan nuestra forma de actuar y nuestras actitudes ante las personas y situaciones. A menos prejuicios, menos condicionada se encontrará la realidad que vivamos.

El caos de la baja autoestima

Podríamos definir la autoestima como el aprecio y valoración que una persona tiene por sí misma. La autoestima nos marca como personas y contribuye a definir la personalidad, influye prácticamente en todas las áreas de la vida condicionando las decisiones, las actitudes, los sentimientos, la adaptación al entorno, las relaciones, los ideales, los sueños y los proyectos; en definitiva, la felicidad y la vida de la persona.

Las consecuencias que sufren las personas que tienen baja autoestima son muchas. Entre ellas se encuentran la inseguridad, la susceptibilidad, los problemas de relación, la necesidad de aceptación y aprobación, diferentes tipos de miedos, dificultades para conseguir los objetivos que desean, consentir que los demás los abusen o los maltraten, falsas creencias sobre sí mismos y la tendencia a caer en la dependencia y en estados depresivos.

La autoestima se desarrolla en primer lugar por los padres y posteriormente por los diferentes referentes que los niños o las niñas van teniendo a lo largo de su vida. Pueden influir poderosamente las experiencias negativas que se viven o aspectos físicos que la persona no acepta o rechaza de sí misma.

El caso de Pedro

Pedro tiene 30 años y reconoce que desde la adolescencia es víctima de la inestabilidad emocional. Alterna momentos de sentirse muy bien con otros de hundirse en la miseria viéndolo todo gris oscuro, desmotivado y con ganas de desaparecer. En los últimos años los estados depresivos habían ido aumentando en duración e intensidad y cada vez se sentía más frustrado porque su pareja se estaba cansando de soportar sus cambios. En muchas de las ocasiones no necesitaba que se diera una situación en la que se sintiera personalmente afectado, pero aun así podía experimentar una especie de hundimiento interior que modificaba automáticamente sus pensamientos, sentimientos y acciones. En este estado, la relación con su pareja se hacía muy difícil y solo quería aislarse de la gente ya que se sentía amenazado o agredido por todos.

—Me siento como una basura —me dijo en una de las sesiones—, no soy capaz de hacer feliz a mi novia ni de disfrutar de la vida, y en el trabajo sé que no están contentos conmigo.

—No sigas hablando, piensa en esto. Permítete sentir y dime lo que experimentas.

—Ah... mucha rabia contra mí mismo.

—Déjala que fluya.

—Mucha decepción y frustración, ganas de llorar... me daría golpes...

—¿De más joven quién te descalificaba?

—Mi padre y mi hermano mayor se burlaban de mí.

—¿Qué te decía tu padre?

—Que era un inepto, que nunca haría nada en la vida, que todo lo que tocaba lo estropeaba...

—¿Y tu madre?
—Ella intentaba ayudarme justificándome, pero eso aún me hacía creer con más fuerza que mi padre tenía razón y que yo era un inútil.
—Párate aquí y permite que tus sentimientos puedan fluir, pues te has pasado la vida reprimiéndolos.
—Mucho dolor... Sé que soy un inútil, si no las cosas no me irían como me van. Siento mucha impotencia; he intentado muchas veces que mi vida cambiara pero no he podido. Sé que tengo que aceptarlo. A mi hermano todo le va bien, gana cinco veces más que yo y es feliz con su familia...
—¿Por qué estás tan seguro de que eres un inútil?
—Porque siempre me ha ido todo mal.
—Hay gente a la que le van mal las cosas y no son inútiles.
—Pero en mi caso me van mal las cosas porque soy un inútil.
—¿Te das cuenta de que te juzgas con mucha dureza?
—Sí... ya lo sé.
—¿Te has dado cuenta de que te juzgas con el mismo juicio de tu padre? Lo que tanto te dolía de tu padre ahora te lo dices tú a ti mismo y, por si fuera poco, también te lo crees.
—Sí, es verdad.
—Ahora quiero que te deshagas de los juicios de tu padre que has adoptado como tuyos. Sencillamente, identifícalos y déjalos ir.
—Dejo ir que soy un inepto. Esta era la opinión de mi padre, lo tengo que decir más veces, está muy metido dentro de mí.
—Di que lo sueltas de todas tus memorias.
—Sí, libero este juicio de todas las memorias de mi mente —lo repite varias veces—. Y también libero la sentencia de que nunca haré nada en la vida... que todo lo que toco lo estropeo —comienza a llorar compulsiva y entrecortadamente y sigue diciendo—: Un día mi padre dijo refiriéndose a mí: «Lástima de pan que se come».
—Suelta eso también.
—Dejo ir la idea de que hubiera sido mejor que yo no hubiera nacido.
Pedro quedó unos minutos en silencio y se fue relajando; luego abrió los ojos con una expresión en la cara totalmente diferente y me dijo:
—Ahora me doy cuenta de que cuando mi padre me hablaba y me juzgaba de esta manera no me estaba viendo a mí, seguro que estaba viendo

sus propias frustraciones. Yo fui bueno en deportes y gané algunas competencias, pero él nunca lo valoró. Yo era el único que colaboraba en casa y le ayudaba en las reparaciones y tampoco le dio ninguna importancia; al contrario, para él yo siempre hacía las cosas mal. Yo era buen estudiante hasta que él me hizo creer lo contrario.

—Creo que tienes que empezar a descubrirte y valorarte a ti mismo por ti mismo.

—Siento alegría interior; es como haberme quitado una losa muy pesada y ahora puedo andar y correr adonde yo quiera.

COMENTARIO. Los juicios y descalificaciones que tenía Pedro sobre sí mismo eran como la *profecía autocumplida*. Él estaba totalmente convencido de que esos juicios eran ciertos aunque había otras evidencias que lo desmentían. Pero adoptó los juicios que su padre hizo sobre él como ciertos y su vida estaba condicionada por ellos. Una vez que tomó conciencia de que solo eran una proyección de su padre sobre él y los liberó, el camino quedó despejado para poder construir su propia vida. Pedro tuvo que *repetir la liberación varias veces* hasta que fue descargándolos de muchas memorias en las que estaban presentes. Los juicios están sostenidos por creencias y son muy poderosos porque tienen la atribución de «verdad», pero al liberarlos, esta «verdad» se convierte en mentira y es sustituida por otra más verdadera.

El caos de la culpa y la vergüenza

La culpa y la vergüenza son emociones complejas que no surgen hasta los tres años de edad aproximadamente. Para experimentarlas es necesario que la persona sea consciente de su individualidad y capaz de juzgarse a sí misma y a su comportamiento. Ambas cuestiones se producen cuando la persona considera que ha hecho algo mal, pero existe una diferencia fundamental entre una y la otra.

El sentimiento de culpa se produce cuando la persona se centra en la acción y no en sí misma como persona. «Esto que he hecho está mal y desearía que no hubiera sucedido». Entonces siente la necesidad de reparar el daño causado.

La persona que experimenta vergüenza, en cambio, se centra en sí misma, no en su conducta, y considera que hay algo malo en ella como persona por lo que ha hecho. La vergüenza va acompañada del deseo de desaparecer o de esconderse porque no desea que los demás vean la horrible persona que es. Así pues, la vergüenza está relacionada con la mirada de los demás y, aunque también puede sentirse estando a solas, siempre se tiene a los demás en mente.

Estos sentimientos pueden ser destructivos y despilfarran una gran cantidad de energía emocional. La persona que los sufre suele sentirse inmovilizada en el presente por algo que ya pasó. En el caso de no saber gestionar estos sentimientos para liberarlos, sentirá que le irán atenazando de tal forma que el desorden se generalizará y podría tener consecuencias importantes.

En esta situación suelen caer personas que tienen un pensamiento rígido y polarizado: «Las cosas solo pueden ser buenas o malas», y son incapaces de relativizar o contextualizar los diferentes comportamientos.

Otra posibilidad se da cuando la persona provoca una ruptura en su sistema de valores y se recrimina a causa de su comportamiento. «Nunca me lo perdonaré», «No entiendo cómo pude llegar a hacer tal cosa».

En general, las personas que quedan atrapadas en estos sentimientos han sido en su infancia víctimas de humillaciones, desprecios, juicios exigentes, expuestas al ridículo por sus acciones o características personales y han interiorizado patrones rígidos de autovaloración negativa.

El caso de Lourdes

Lourdes tenía una depresión importante. Se sentía hundida y sin ganas de seguir viviendo, su ansiedad era constante y sentía presión en el pecho, padecía insomnio y a todas horas sentía remordimiento y culpabilidad por haberse sometido a dos abortos cuando era más joven. La medicación no conseguía detener su discurso de pensamiento recriminatorio y cada vez con más frecuencia tenía pensamientos de suicidio.

Aunque habían pasado más de diez años desde el último aborto, su ansiedad comenzó a desarrollarse después de asistir a una sesión de terapia sistémica transgeneracional. En esta sesión presenció el caso de una mujer que se había provocado un aborto porque había quedado embarazada en un momento que no era «oportuno». Cuando configuraron con representantes la familia actual de esta mujer, incluyeron un representante para el aborto que había provocado. En unos minutos Lourdes pudo observar lo que significaba deshacerse de un miembro de la familia que acababa de ser engendrado y se sintió plenamente identificada con la experiencia dramática. Pasando los días no pudo borrar las imágenes de su mente al relacionarlas directamente con sus dos abortos.

—Yo era muy joven y muy ignorante cuando practiqué mis dos abortos. Solo fui capaz de ver que eran un problema en mi vida. En ningún momento se me ocurrió pensar en las vidas que habían sido engendradas y en que eran mis hijos aunque no hubieran nacido.

—Enfoca lo que hiciste y no reprimas tus sentimientos.

Se tapó la cara con las manos y lloró durante algunos minutos.

—Siento mucho dolor y mucha culpa.

—Reconoce estos sentimientos y déjalos que fluyan para que salgan de ti.

—Me siento como un monstruo... muy egoísta. No soy capaz de perdonarme a mí misma por lo que hice... Merezco que la Vida también me destruya a mí.

—Expresa y deja fluir todos los juicios con que te juzgas.

—Sé que tengo que pagar por eso. Si lo llegaran a saber mis padres, me moriría de vergüenza; ellos creen en Dios y tienen mucho respeto por la vida. Les he traicionado... no me merezco ser su hija...

Por varios minutos estuvo evocando toda clase de juicios contra sí misma.

—Tal como tu mente te vaya dando todos estos juicios, deja de aferrarte a ellos para no seguir castigándote, y comprende que no son útiles para arreglar nada. Suéltalos según aparezcan en tu mente.

—Siento mucha resistencia a soltar esos juicios. Yo tampoco merezco vivir... No puedo soltarlos y vivir tan tranquila como si no hubiera pasado nada.

—Repite conmigo y toma conciencia: «Mientras me estoy juzgando y castigando, sigo sin conectar con mis dos hijos».

—Sí, es cierto. En todo momento solo me veo yo. ¿Qué debo hacer?

—Debes elaborar el duelo. Enfoca mentalmente a tus hijos y exprésales tu pesar por lo que hiciste.

Después de unos segundos y con la voz entrecortada por el dolor que sentía, dijo:

—Hijos, siento con toda el alma lo que les hice... Lo siento profundamente. Asumo toda mi responsabilidad.

—Diles que siempre tendrán un lugar en tu corazón, que reivindicas su derecho a la pertenencia en la familia.

—Ya los puedo «ver»; hijos, no son un problema, son un regalo de la Vida que yo no supe valorar... Aunque no puedo cambiar las cosas, siempre voy a tenerlos presentes en mi corazón.

—Tienes que decirte algo a ti misma: «Una parte tuya se fue con ellos cuando abortaste, y ahora la dejas ir».

—Sí, nunca lo había visto así, pero la dejo ir...

—Sigue diciéndote: «Actué según la luz que tenía en aquel momento, y como ya he asumido mi responsabilidad, ahora dejo de juzgarme».

—Sí, es cierto, ahora no actuaría así. He asumido mi responsabilidad y dejo de juzgarme.

—Entrega esta responsabilidad en manos de Dios para que él te libere.

—Sí, te entrego la responsabilidad de lo que hice para que tú la liberes y la transformes en luz, amor y paz.

—Observa cómo te sientes.

—Es como haber salido de una cárcel oscura y encontrarse en la luz, todo se ha hecho más amplio, siento mucha paz y amor. No sé explicarlo, me siento muy bien. Hace un tiempo me arrepentía de haber asistido a aquella sesión terapéutica, pero ahora me alegro, porque he podido sanar toda esta cuestión que tenía pendiente.

COMENTARIO. La tendencia a juzgarse y a castigarse es muy común cuando uno toma conciencia de algo que ha hecho que su código moral no acepta. La persona suele cerrarse en un círculo donde no ve otra cosa que su acción y la condena que merece, y cuanto más avanza el tiempo, más difícil le resulta salir. Siempre hay emociones que liberar, juicios y creencias que son destructivos e inútiles para la persona que se ha convertido en su propia víctima. En este caso también fue necesario *reconocer a los excluidos, elaborar el duelo* y *mirar con comprensión* a la joven que provocó los abortos.

El caos de los celos y la desconfianza

En muchos casos, los celos pueden ser un sentimiento natural, tal como la tristeza o la preocupación. Si estos celos son sanos, pueden dar un punto de interés a la relación y hasta considerarse como una evidencia de amor. Por el contrario, los celos patológicos están acompañados de fuertes sentimientos de inseguridad, posesión, autocompasión, hostilidad y depresión.

Las personas que sufren este tipo de celos exigen a su pareja que no se implique emocionalmente con otras personas, tienen temores obsesivos y ansiosos; tienden a buscar las pruebas de la existencia de un posible engaño y rechazan todos los argumentos racionales de las personas cercanas.

Generalmente tienen sentimientos de ira, mal humor, temor, baja autoestima e inestabilidad. En cuanto a su forma de actuar, son impulsivas y envidiosas, padecen irritabilidad e intolerancia por la incapacidad de frenar los pensamientos negativos que pueden llegar a ocasionarles perturbaciones, no solo psicológicas sino fisiológicas, como alteraciones en el sueño.

La frontera que separa los celos patológicos de los que pueden ser naturales es muy difusa y muchas parejas han pasado de un estado a otro sin darse cuenta.

El caos viene cuando uno de los dos proyecta sobre el otro sus deseos reprimidos o su inseguridad; entonces, el que es acosado por el celoso se convierte en su víctima sin ninguna posibilidad de poder satisfacer sus demandas. Se suceden las preguntas y deducciones absurdas, la necesidad de pedir explicaciones detalladas de todo lo que la víctima hace y hasta de lo que puede pensar en un momento dado. El celoso es como el que bebe agua salada, cuanto más bebe, más sed tiene.

Por otra parte, las personas que se encuentran atrapadas en la desconfianza dan por hecho que los demás se van a aprovechar de ellas, les van a hacer daño o les van a engañar. Frecuentemente sienten que han sido ofendidas profunda e irreversiblemente por alguien; están preocupadas por dudas no justificadas acerca de la lealtad o fidelidad de sus amigos y socios, cuyos actos son escrutados minuciosamente en busca de pruebas de intenciones hostiles.

Este tipo de personas son reacias a confiar o intimar con los demás porque temen que la información que compartan sea utilizada en su contra. Pueden negarse a contestar preguntas personales diciendo que esa información «no es asunto de los demás». En las observaciones o los hechos más inocentes vislumbran significados ocultos que son degradantes o amenazantes; por ejemplo, un halago puede ser interpretado como una crítica o una oferta de ayuda como una descalificación.

Además, suelen albergar rencores y son incapaces de olvidar los insultos, las injurias o los desprecios que creen haber recibido. El menor desprecio provoca una gran hostilidad, que persiste durante mucho tiempo; siempre están pendientes de las malas intenciones de los demás, sienten a menudo que su persona o su reputación han sido atacadas o que se les ha mostrado desconsideración de alguna otra manera.

Contraatacan con rapidez y reaccionan con ira ante los ultrajes que perciben. Son personas con las que generalmente es difícil llevarse bien y suelen tener problemas de relaciones personales. La suspicacia y hostilidad excesivas pueden expresarse mediante las protestas directas, las quejas recurrentes o por un distanciamiento silencioso claramente hostil.

El caso de Alicia

Cuando conocimos a Alicia era una persona muy celosa. Admitía que tenía unos celos enfermizos que no le permitían llevar una vida normal. Desconfiaba de todo, no se creía nada de lo que le decía su marido y, si lo contrastaba con otras personas, tampoco acababa dándoles crédito. Si andaban juntos por la calle le acusaba de que se fijaba en otras mujeres; si estaban en casa, ella estaba muy pendiente y necesitaba verle físicamente, de lo contrario pensaba que le estaba engañando a través del móvil o del ordenador.

«Creo que me estoy volviendo loca —decía Alicia—; constantemente nos estamos peleando y diciendo cosas de las que luego nos arrepentimos. Nuestra relación es un infierno».

—¿Has sufrido alguna experiencia de infidelidad? —le pregunté.

—No, mi marido es la primera relación seria que tengo.

—¿Hubo entre tus padres alguna experiencia de infidelidad?

—Sí, mi padre le fue varias veces infiel a mi madre.

—¿Cómo lo viviste?

—Mal, muy mal, llegué a odiarlo profundamente.

—¿Cómo vivía tu madre la infidelidad de tu padre?

LIBERACIÓN DE LAS INTERPRETACIONES, JUICIOS Y PREJUICIOS

—Muy mal, siempre estaban discutiendo, muchas veces la veía sola llorando.

—¿Qué decía tu madre cuando tu padre no estaba en casa?

—Pues... entraba en ansiedad y se imaginaba lo peor.

—¿Eres consciente de lo que haces con tu marido?

—Sí, creo que sí.

—¿Te das cuenta de que estás haciendo lo mismo que tu madre hacía con tu padre? Estás proyectando esa experiencia sobre tu marido.

—Es que no puedo evitarlo.

—Quiero que enfoques mentalmente a tu marido cuando no se encuentra bajo tu control.

—Uf... ya me estoy poniendo ansiosa... Seguro que está hablando con alguien. Es que no va a tener cuidado.

—¿Cómo lo sabes?

—Sí... Él quiere ser amable y lo enredan, solo está seguro si está conmigo. Las mujeres manejan a los hombres como quieren; él es muy ingenuo, no se da cuenta de las cosas. Necesito ponerme en contacto con él para saber qué está haciendo.

—¿Con eso tendrías suficiente?

—... No, creo que no, porque podría mentirme. Necesito verlo.

—Así que crees que tu marido es un mentiroso.

—No, pero en este tema podría mentirme. Necesito estar segura.

—¿A veces has llamado a su trabajo para comprobar si estaba tu marido?

—Sí, pero tampoco estoy segura cuando me dicen que sigue allí y tengo que ir a esperarle. Me duele mucho la cabeza...

—¿Podrías aceptar que las mismas creencias y juicios de tu madre están presentes en ti?

—Sí, lo acepto. Vivo el mismo infierno que ella.

—¿Podrías aceptar que tú no eres estas creencias y estos juicios?

—... Sí, lo acepto. Comprendo que, si no los tuviera, seguiría siendo yo misma.

—Intenta devolverlos a donde pertenecen.

Ella enfoca mentalmente a su madre y le dice:

—Todos estos juicios, creencias y temores te los devuelvo, mamá, porque te pertenecen a ti, a tu vida y a la experiencia que has tenido con mi padre. A ti tal vez te sirvieron, pero a mí me están arruinando la vida. Tengo que decirlo otra vez, están muy arraigados dentro mí... Cada una de las memorias que heredé de ti, yo te las devuelvo porque forman parte de tu vida y no de la mía.

—Dale a tu madre el reconocimiento que merece.

—De todas formas, te doy las gracias porque me has dado la vida, y has cuidado de mí. Mereces todo mi reconocimiento.

—Ahora vuelve a pensar en tu marido cuando no está en casa.

—Siento que lo quiero mucho. Nada... espero que llegue pronto para darle un abrazo...

—¿Te sientes tranquila?

—Sí, estoy tranquila. Es como si antes tuviera una nebulosa de miedos e imágenes negativas en mi cabeza que no me dejaba ver las cosas tal como son.

COMENTARIO. Muchas veces heredamos programas de nuestros progenitores que son muy disfuncionales en determinadas áreas de nuestra vida; estos programas (creencias, juicios, prejuicios) se activan cuando —como ocurrió en este caso— la situación que vivía la hija tenía alguna semejanza con la de la madre. La fuerza que tienen estos programas suele ser superior a la voluntad y a los buenos propósitos que la hija desplegara para superarlos. Para que Alicia pudiera liberarse fue *necesario identificar estos programas y devolverlos donde pertenecían.*

En esta sección hemos visto tres casos que sufrieron por causa de los juicios: Pedro se juzgaba a sí mismo sobre su valor personal descalificándose por lo que su padre le indujo. Lourdes se juzgaba con dureza a causa de lo que había hecho a los hijos que había engendrado. Alicia prejuzgaba a su marido por la herencia anímica que recibió de su madre. Todos ellos estaban basados en creencias que generaban emociones fuertes e impedían que estas personas pudieran vivir con un mínimo de sosiego. Como explicamos anteriormente, en todos los casos tuvimos que trabajar en primer lugar con la *carga emocional* para reducirla lo suficiente y poder *actuar sobre las creencias*. En el caso de Alicia hemos adelantado algo sobre las cargas sistémicas que trataremos con un poco de más detalle en un próximo capítulo.

LIBERACIÓN DE LAS DEPENDENCIAS, SUSTITUTOS Y ADICCIONES

Si no tienes la libertad interior, ¿qué otra libertad esperas poder tener?
Arturo Graf (Crítico literario)

Hay etapas en el desarrollo personal y en determinadas circunstancias de la vida que están marcadas claramente por la dependencia, sea de los padres o de otras personas significativas que realizan una función vital que la persona no puede hacer por sí misma. Este tipo de dependencias son naturales y necesarias para el crecimiento integral de la persona, pero también debería ser natural que estas dependencias desaparecieran conforme la persona va siendo más autónoma. En los casos en que un adulto sufre alguna dependencia, sea hacia personas o cualquier otra cosa, se encuentra en una situación de riesgo o de enfermedad, sufriendo y, probablemente, haciendo sufrir.

Las dependencias, los sustitutos y las adicciones cumplen una función para la persona que las sufre: a través de ellas trata de compensar o sustituir las carencias que tiene. Obedecen a estrategias del instinto de supervivencia para eliminar la ansiedad que padece por causa de la carencia. Por esta razón, una persona puede tener *dependencia* de otra porque le da seguridad; de la misma forma, otra persona también puede tenerla de los fármacos por motivos similares, aunque su efecto sea mínimo.

Cuando hablamos de *sustituto* nos referimos al elemento personal, social o material al que la persona le atribuye la facultad de proporcionarle satisfacción a su carencia. Por ejemplo, un marido puede ser el sustituto del padre ausente de su esposa de la misma manera que la comida puede serlo del afecto de la madre. El uso de un sustituto suele ser inconsciente y no siempre implica que exista una dependencia o una adicción.

Aunque el término *adicción* suele usarse muchas veces indistintamente con el de *dependencia* para referirse al mismo hecho, existen algunas diferencias en cuanto a su carácter más intenso, invasivo y peligroso que afecta tanto al nivel psicológico como al fisiológico, y en muchos casos también el neurológico. Por esta razón las adicciones a ciertas sustancias requerirán un tratamiento más integral al encontrarse afectados diferentes niveles vitales de la persona. El apoyo con fármacos a la deshabituación es muy común (en ocasiones severas, imprescindible), pero no es la única forma de realizarla. En cambio, hemos podido comprobar que el tratar el aspecto psicológico afectado, indistintamente de que se usen o no fármacos, es determinante a la hora de ver resultados en la deshabituación y resolución de las adicciones y, por supuesto, en la liberación de las dependencias.

El caos de la victimización y de la amargura

Una personalidad de víctima consiste en una tendencia a culpar a otros de los males que uno padece: «Los demás no me entienden», «A mí me toca cargar con las consecuencias de problemas que no son míos», «No hay derecho de que me traten así», «Siempre me sucede a mí», «Qué mala suerte tengo». Estas personas se refugian en la compasión ajena y andan como mártires por la vida. Mediante las quejas que esgrimen van transmitiendo una exigencia oculta a los demás despertando en ellos un sentimiento de culpa o de compasión.

Esta actitud no está asociada a patologías graves, sino que es fruto de un aprendizaje por diversas incapacidades, tales como la falta de habilidades asertivas, y carencias básicas como la baja autoestima para las que no se han tenido o empleado correctamente los recursos apropiados de superación.

La victimización suele esconder experiencias pasadas no superadas, tales como hechos traumáticos de diversa índole, malos tratos, abuso sexual en la infancia u otras disfuncionalidades familiares o carencias de tipo afectivo. Por tanto, el rol de víctima está asociado a un negativismo sin concesiones y se basa en culpabilizar a todo y a todos con el objeto de obtener atención. Su percepción de la realidad está completamente distorsionada y sienten que nada pueden hacer para cambiar esta situación (*indefensión aprendida*).

Desde una visión victimista siempre es el otro el que tiene el problema y uno mismo quien sufre las consecuencias. Su actitud es pasiva e inconscientemente manipuladora, se vale del chantaje emocional y suele hallarse inmersa en una eterna e inactiva espera donde la pretensión de que el mundo reconozca su inmenso dolor y la injusticia que se ha cometido con ella nunca queda satisfecha.

Este tipo de personas se encuentran estancadas en la mediocridad y viven en el autoengaño, una realidad que perciben de un modo más o menos consciente y que pretenden superar con el reconocimiento que solo consiguen, o que creen conseguir, mediante su papel de víctima.

Por otra parte, directamente asociado a la victimización se encuentra la amargura, la cual no tiene lugar automáticamente cuando alguien nos ofende, sino que es una reacción a la ofensa o a una situación difícil y por lo general injusta. En realidad, no importa si la ofensa fue intencionada o no. Si la persona ofendida no arregla la situación y libera las emociones negativas, la amargura la inducirá a imaginar más ofensas de la misma persona.

La amargura es una forma de responder que a la larga puede convertirse en una norma de vida. Sus compañeros de viaje son la autocompasión, los sentimientos heridos, el enojo, el resentimiento, el rencor, la venganza, la envidia, la calumnia, los chismes, la paranoia, las maquinaciones vanas y el cinismo.

Los sentimientos de amargura suelen ser difíciles de desarraigar a causa de la creencia que los sostiene: «La ofensa es culpa de la otra persona (puede ser cierto), por tanto, ella debe venir a pedirme disculpas. Yo soy la víctima». Este razonamiento atrapa a la persona haciéndola dependiente de lo que haga la otra parte, y en muchos casos, aunque se le pidan disculpas, la amargura no desaparece porque los sentimientos han calado a un nivel más profundo de la conciencia.

El caso de Sofía

Sofía tenía un exceso de peso de 35 kg, y como no se aceptaba a sí misma se avergonzaba y le afectaba a sus relaciones sociales. Por una parte buscaba soledad, porque así se sentía más segura; por otra parte, no aguantaba la soledad y, sobre todo por las tardes, comía dulces compulsivamente.

Se sentía muy mal con sus padres y siempre acababa hablando mal de ellos. Cuando era pequeña ella comía más de la cuenta; era la forma que tenía su padre de mostrarle afecto para compensar el rechazo de su madre. En cambio, su madre trataba de controlarle la comida y la avergonzaba por su exceso de peso. Como estaba gorda, algunas compañeras se burlaban de ella y la excluían de muchos juegos.

A sus 40 años de edad su discurso estaba lleno de amargura; se sentía una víctima de la vida, de sus padres, de las compañeras de escuela que había tenido en la infancia, de su exmarido, de los compañeros del trabajo actual y de sus amigas. Todos los intentos que hacía para salir de su círculo vicioso resultaban inútiles, ya que pronto se compadecía y volvía a la ingestión compulsiva de dulces. Luego se maldecía y lloraba amargamente.

—Me siento muy frustrada; he intentado muchas veces hacer dieta pero no hay forma de ser constante.

—¿Qué significa para ti la dieta?

—Pues la vivo mal. Es como si me aplicara un castigo, y llega el momento en que pierde sentido seguir con ella y la motivación con la que comencé se esfuma.

—¿Qué hacía tu madre contigo respecto a la comida?

—Me la restringía y siempre me estaba recriminando porque estaba gorda.

—¿Ella era delgada?

—Sí.

—¿Cómo era la relación entre tus padres?

—Mala. Ella lo humillaba todas las veces que podía, entre otras cosas porque también era gordo.

LIBERACIÓN DE LAS DEPENDENCIAS, SUSTITUTOS Y ADICCIONES

—¿Y la relación entre tu padre y tú?

—Buena... él tampoco me daba amor, pero su forma de quererme era dándome dulces sin que mi madre lo supiera.

—Te encontrabas en medio de un conflicto. Cuando tu padre te daba dulces y te los comías estabas traicionando a tu madre.

—Sí. Cuando comía los dulces me sentía muy bien, pero luego muy mal.

—Enfoca mentalmente a tu madre y dime qué sientes.

—Mucha rabia... Siempre me desaprobaba. Cuando las compañeras del colegio se reían de mí me decía que lo tenía bien merecido. Aún hoy no le puedo hablar con amabilidad.

—Deja ir esa rabia.

—Me viene violencia... frustración... impotencia... también violencia contra mí... Me doy asco, me odio.

—Suelta también estas emociones.

Sofía se toma un tiempo para ir liberando cada una de las emociones que va descubriendo y experimentando.

—Devuélvele a tu madre la responsabilidad de lo que hizo contigo.

—Mamá, te devuelvo tu responsabilidad de todo el daño que me hiciste.

—¿Crees que tu madre solo quería fastidiarte?

—Sí, lo pensé por mucho tiempo; pero ahora comprendo que quería ayudarme, aunque lo hizo sin amor.

—¿Puedes perdonarla?

—Mamá, yo te perdono porque deseo ser libre del resentimiento.

—¿Cómo te sientes con ella?

—No sé, la veo diferente. Me siento en paz.

—Enfoca mentalmente a tu padre y observa lo que sientes.

—También siento rabia. Me parece que me daba dulces para sentirse bien él más que para hacerme un bien a mí. Ahora me doy cuenta de que me creó una dependencia.

—Devuélvele la responsabilidad a tu padre.

—Esa responsabilidad es para ti. Me hiciste creer que me amabas y que mi madre me rechazaba; después de comer los dulces me sentía muy culpable, aún hoy estoy sufriendo lo que me hiciste.

—¿Puedes perdonarlo?
—Me cuesta mucho...
—Escoge entre seguir odiándole y tu libertad.
—Le hago culpable de mi adicción a los dulces y siento ganas de vengarme.
—Cuanto más alimentes este impulso más daño te harás a ti misma.

En este momento comenzó a llorar y a expresar mucha rabia contra su padre. Después de unos minutos fue calmándose y quedó en silencio.

—Ahora lo veo diferente. Me da pena.
—Sería mejor que lo vieras con comprensión.
—Sí, ya puedo verlo con comprensión. A él tampoco le dieron el amor que necesitaba. Ya puedo perdonarlo. ¡Qué curioso! Antes lo veía mentalmente enfrente de mí y ahora lo veo detrás de mí.
—Bien, tanto él como tú estáis ocupando el lugar que os corresponde en el sistema familiar. Ahora tendrás más fuerza para tomar la responsabilidad de tu vida.
—Sí, es cierto. Me siento con más fuerza interior para acabar definitivamente con este problema.

COMENTARIO. Por las tardes Sofía tenía un tiempo de complicidad con su padre muy gratificante para ella. Mientras comía los dulces neutralizaba la ansiedad que le habían producido sus compañeras de la escuela y su misma madre. Esto resultó en un aprendizaje adictivo del que cuando fue adulta no pudo desprenderse. Fue necesario que ella pudiera comprender la dinámica que se creó entre sus padres y ella, *liberar las emociones* que había reprimido por tanto tiempo, *perdonar a sus padres* para que desapareciera el conflicto inconsciente que tenía con ellos y, a su vez, desactivar la raíz del guión vicioso que, asociado a la neutralización de la ansiedad, mantenía su conducta adictiva.

El caos de la sobreactividad

Hay personas que no tienen tiempo para ellas ni para sus familias, siempre están activas. En estos casos no es tanto un rasgo de su personalidad como una necesidad interior que les impulsa a sumergirse en la actividad. Ejemplos de este tipo de caos son aquellas personas que se han hecho adictas al trabajo o que andan enredadas en infinidad de actividades extralaborales, como responsabilidades en asociaciones y organizaciones sociales o religiosas.

Detrás de este activismo encontramos personas a las que les cuesta aceptarse, siendo la actividad el único medio para ganar aprobación, definir su identidad y justificar su existencia. De esta manera utilizan la actividad para no enfrentar sus sentimientos y vuelven crónico el problema porque no facilitan el descubrir su necesidad real.

A causa de estar excesivamente activas, muchas veces perjudican su salud, sus relaciones, su descanso y su experiencia interior.

Muchas de estas personas crecieron en hogares caóticos donde el estrés era habitual, y encuentran en la actividad el medio en el que se sienten más seguras y mejor adaptadas. Se engañan a sí mismas justificando su exceso de ocupación por razones externas y no internas. Cuando no están realizando algún tipo de trabajo se sienten culpables.

Detrás de la necesidad de actividad constante suele existir miedo a la calma porque precisamente es en el tiempo desocupado cuando tienen más espacio para pensar en sí mismas y ver las cosas que no les gustan de su vida. Esta estrategia de evitación tarde o temprano les pasa factura y la resistencia que las personas ejercen para no escuchar su interior con frecuencia deriva en diferentes síntomas.

Las personas atrapadas en la sobreactividad suelen tener cuadros de ansiedad e irritabilidad, necesidad de seguir aumentando el tiempo que le dedican al trabajo, sensación continua de estar agobiadas, de no llegar a todo y de vacío emocional. El estrés y el insomnio forman parte de lo habitual y, a largo plazo, pueden sufrir hipertensión arterial u otras enfermedades vasculares. Tienen la necesidad casi compulsiva de realizar listas de cosas por hacer y de anotar en la agenda hasta el más mínimo detalle; son incapaces de estar sin trabajar durante un período prolongado y les provoca ansiedad, inquietud e irritabilidad, alejamiento de la familia y los amigos.

El caso de José Enrique

José Enrique tiene un cargo destacado en una empresa importante; su trabajo también es su refugio, en él pasa más tiempo del que realmente necesitaría. Cuando llega a casa sigue activo; tiene que adelantar algunos presupuestos para el día siguiente, no importa si se encuentra en medio de una conversación, está comiendo o viendo la televisión. Satura su capacidad mental haciendo más de una cosa a la vez, como leer la prensa, redactar el acta de la comunidad de vecinos de la que es presidente, llamar por teléfono a sus compañeros de la junta directiva de la ONG de la que es miembro fundador, revisar y contestar el correo, actualizar las redes sociales, etc.

Su esposa se quejaba de que nunca podía disfrutar de él ni tampoco sus hijos; era el gran ausente de la familia.

Desde hace unos meses, José Enrique comenzó con algunos tics nerviosos que fueron en aumento, entumecimiento en las piernas y los brazos, y problemas respiratorios.

Al fin decidió aceptar ayuda porque empezó a asustarse, ya que los síntomas que sufría se fueron intensificando y entonces acudió a la consulta.

—Lo único que me pasa es que debo bajar el ritmo —me dijo José Enrique transmitiéndome que no le iba a decir nada nuevo.

—Creo que eso ya te lo has dicho otras veces y cada vez te cargas con más cosas.

—Es posible —dijo después de pensarlo un momento.

—Quizás tienes un impulso interior que te lleva a estar siempre activo.

—Puede ser...

—Ahora quiero que permitas a tu mente inconsciente contestar a una pregunta que voy a hacerte; escucha la pregunta y después escucha muy dentro de ti lo que tu mente te da. ¿De qué estas huyendo?

—No sé... de nada, nunca he huido de nada.

Comienza a agitarse.

—¿No quieres escuchar lo que hay en el fondo de tu mente?

—Son cosas que ya están superadas.

—Cierto, pero no sanadas, y por esta razón estas cosas están controlando tu vida.

—Bueno, prefiero no hablar de algunas cosas.

—¿Has venido aquí para que te diga que debes bajar el ritmo o para resolver la causa que te obliga a llevar este ritmo?

Bajó la cabeza y se mantuvo en silencio durante unos momentos; después me dijo con la voz queda:

—Tengo que solucionar este problema, de lo contrario, lo perderé todo.
—Bien, háblame de lo que más odiabas en tu infancia.
—Mi padre era alcohólico y maltrataba a mi madre; yo no podía soportar aquellas broncas y me salía a la calle. Pero en la calle también escuchaba los gritos que me ponían enfermo. Aprendí a ir a casa de algunos amigos hasta que se hacía tarde, y entonces ya podía volver a casa porque mi padre dormía y la tormenta había pasado. Sentía que los padres de mis amigos me miraban con pena. Más adelante me busqué actividades y comprobé que me hacían olvidar el drama que tenía en casa. Pasé de sentir la conmiseración de aquellos padres a saber que me ponían de ejemplo para estimular a sus hijos.
—Cierra los ojos, enfoca mentalmente lo que me has contado y dime lo que sientes.
—Es como un volcán de sentimientos a punto de explotar.
—Identifica uno de ellos.
—Miedo, siento mucho miedo de mi padre.
—Permítete sentir ese miedo.
—Está aumentando, cada vez siento más miedo...
—No lo reprimas ni huyas de él, solo siéntelo.
—También siento mucho odio.
—Bien, deja ir el miedo y céntrate en sentir el odio.
—¡Uf! Me siento culpable, fui un cobarde. Dejé a mi madre sola. Me odio a mí mismo...

Esconde la cara entre las manos y llora con amargura.

—Recuerdo que mi madre, después de que muriera mi padre, me decía que nunca estaba en casa, que me echaba de menos. Era cierto, yo estudiaba en la biblioteca y luego hacía deporte hasta muy tarde. Cuando llegaba a casa cenaba rápido y me iba a dormir. Algo me pasaba que no podía estar en casa, me ponía nervioso.
—Quiero que visualices cuando vivías en casa de tus padres.
—Me siento muy nervioso, solo estoy pendiente de la hora en que llegará mi padre. Veo a mi madre que también está nerviosa; mis hermanos pequeños se esconden en la habitación y procuran no hacer ruido. No puedo resistir esta tensión, no puedo resistirlo y salgo a la calle.
—El estar lo menos posible en casa y refugiarte en actividades fueron recursos útiles para neutralizar la ansiedad en aquella época.

—Sí, es cierto.

—Bien, ¿por qué vas a seguir cargando con estos programas ahora? Déjalos ir.

José Enrique fue liberando durante buena parte de la sesión una mezcla de emociones e ideas asociadas a su conducta sobreactiva. Después él mismo fue consciente de que vivía su comportamiento como una necesidad.

—Dejo ir la necesidad de ausentarme y de estar activo para no pensar ni sentir.

—También deja ir de tu memoria todas las funciones que te proporcionó el activismo, tales como la eliminación de la ansiedad, la insensibilidad al dolor, la gratificación del reconocimiento y el alejamiento de la familia.

—Sí, lo dejo ir... lo dejo ir...

—Ahora quiero que enfoques todas las actividades que haces.

—¡Uf! Siento agobio.

—¿Podrías ir reduciendo algunas actividades?

—Seguro.

COMENTARIO. Es evidente que la estrategia de defensa que José Enrique desarrolló para evitar el sufrimiento luego le pasó factura y lo tenía preso en un estilo de vida marcado por la sobreactividad. Los buenos consejos no suelen ser útiles en estos casos; los programas que hay en el inconsciente son los que mandan sobre la voluntad de la persona. Siempre es necesario pasar lo inconsciente a lo consciente para poder transformarlo *liberando las emociones* que lo sustentan. Entonces los programas de conducta que han determinado el comportamiento de la persona por años dejan de tener sentido y puede liberarlos para vivir de forma más racional.

El caos de la dependencia

La dependencia emocional es una adicción hacia otra persona, generalmente la pareja o uno de los progenitores. Al sufrir dependencia, se genera una necesidad desmesurada del otro, renunciando así a la propia libertad y viviendo una experiencia llena de sentimientos ambivalentes que pueden moverse desde la seguridad y la tranquilidad al desespero y el pánico.

En todas estas personas se observa la necesidad del otro de una manera injustificada exigiéndole que le dé muestras de su afecto y correspondencia de sentimientos. De una forma manifiesta o sutil ejercerá un gran control sobre su vida creando muchas tensiones en la relación.

Por otra parte, la persona dependiente dejará de ser ella misma; perderá su autoestima, modificará su comportamiento y traicionará su personalidad para tratar de gustarle más al otro, intentando asegurar así la permanencia de sus sentimientos. Esto implica muchas veces un proceso de aislamiento social por parte de la persona dependiente, ya que el mundo gira totalmente en torno al otro y, en el caso de que este no actúe de la misma forma, el caos está asegurado.

Todo eso implica un juego de sentimientos contrapuestos que generan mucha ansiedad, impotencia, frustración, desasosiego, miedos, sensación de estar atrapado en una situación de la que no se puede salir. Hay rupturas y reconciliaciones, siempre volviendo con buenos propósitos de cambio aunque nada cambia.

A la persona dependiente hay cosas del otro que no le gustan, puesto que le hacen sufrir; y en ocasiones puede darse el maltrato psicológico, pero aun así, el dependiente no quiere dejar de luchar para no perder el apego que siente por él. Esta dinámica, inconsciente muchas veces, llega a generar trastornos y enfermedades psicosomáticas que evidencian dos cosas: la anomalía de la relación proyectada sobre el organismo y la intención del inconsciente de usarlas como recurso para captar la atención del otro y no perderlo.

El caso de Julia

Julia tenía 28 años cuando la conocimos, había mantenido una relación de pareja muy tormentosa por cinco años, que supuestamente había concluido hacía un año. Pero la realidad que ella vivía era muy diferente. Todos los días seguía pensando en esa persona y se torturaba sintiéndose culpable de la ruptura. Por las noches también soñaba y se despertaba agitada; a veces se sorprendía de sí misma al observar que lloraba como una niña pequeña pidiéndole al que fue su pareja que volviera a su lado.

Desde que terminó con su relación de pareja solo salía de casa para ir al trabajo, y el resto del tiempo apenas se relacionaba con nadie. Su salud comenzó a resentirse con diferentes manifestaciones como candidiasis, cálculos renales, cefaleas y otros síntomas que la tenían muy preocupada.

—Todos me dicen que tengo una dependencia de mi expareja —dijo Julia.

—¿Tú también eres consciente y lo reconoces? —le pregunté.

—Sí, ahora creo que sí, aunque me ha costado admitirlo. Me doy cuenta de que cada vez estoy peor en todos los aspectos y estoy arruinando mi vida.

—¿Esta fue tu primera relación?

—Como relación seria, sí.

—¿El tiempo que estuvisteis juntos fue bueno?

—Hubo de todo.

—¿Quién terminó la relación?

—Él, yo no lo hubiera dejado nunca, aunque la relación no iba bien. Me dijo que se agobiaba mucho y necesitaba un tiempo para reflexionar, pero yo sabía que era una ruptura. Lo he intentado todo para seguir en contacto aunque fuera solo como amigos, pero no ha querido.

—¿Cuántos son en tu familia?

—Vivo con mis padres y tengo un hermano menor que yo.

—Bien, ¿qué relación has tenido con tu padre?

—No sé qué tiene que ver esto con mi problema.

—Puede que ahí encontremos la clave de tu dependencia.

—Yo siempre he tenido buena relación con mi padre.

—¿Ha sido un padre amoroso para ti?

—Bueno, la verdad es que él estaba en sus cosas...

—¿Era amoroso con tu hermano?

—Sí, me parece que solo ha visto a mi hermano.

—Quizás tiene preferencia por los niños.

—Sí, he escuchado más de una vez que él deseaba un niño cuando yo nací.

—¿Qué edad tiene tu expareja?

—Tiene doce años más que yo.

—¿Te parece bien que comencemos a liberar la dependencia que tienes de tu expareja?

—Por supuesto.

—Pues hemos de resolver en primer lugar la carencia paterna que tienes, ya que tu «niña interior» la proyecta sobre tu expareja.

—Nunca había pensado en esto... pero, ahora que lo dices, él a veces me decía que no quería hacer de mi padre.

—Bien, quiero que te centres en pensar en tu padre y en la convivencia que has tenido con él en tu infancia.

Julia cierra los ojos y se toma unos segundos para conectar con esta etapa de su vida.

—Lo veo ahí delante, pero él no me mira.

—¿Qué sientes?

—Nada, estoy esperando que lo haga.

—¿Lo hace?

—No.

—¿Sigue ahí?

—Está hablando con mi hermano. Se van juntos a la calle.

—¿Y tú qué haces?

—Nada. Me quedo ahí sola. Mi padre me ha dejado y se ha ido con mi hermano —levanta los hombros y vuelve a repetirlo—. Me he quedado sola.

—¿Qué significa esto para ti?

—No sé... —silencio prolongado—. Ahora me viene que eso lo hacía muchas veces y si le reclamaba que yo también quería ir con ellos me daba alguna excusa para no llevarme. Estoy sintiendo rabia. ¡Uf! Cada vez más rabia...

—Permite que fluya desde tu interior todo lo que tienes reprimido.

—Siento tristeza, mucha tristeza, rabia contra mi hermano. Me siento insignificante. Mi hermano tampoco me hace caso —dice en otro tono de voz más parecido a un murmullo—. Ningún hombre me hace caso. Me siento muy desgraciada.

—Suelta todos estos sentimientos; tú no eres estos sentimientos, aunque te han acompañado por mucho tiempo.

—No puedo terminar de soltarlos...

—Sígueme y repite conmigo permitiéndote sentir: «Ahora me doy cuenta de la creencia absurda que tengo: como mi padre y mi hermano no me hacían caso, pienso que nunca seré importante para ningún hombre».

—Sí, es cierto... ellos no tienen nada que ver con mi padre ni con mi hermano. Soy yo la que los veo a través de ellos.
—Deja ir estas ideas.
—Sí, sí... las dejo ir...
—Deja ir la necesidad que tienes de que tu padre te valore y te reconozca.
—Sí, sé que no puedo seguir pendiente de él.
—¿Qué sientes ahora?
—Liberación, una profunda liberación.
—Piensa en tu expareja.
—Sí, es diferente. Ha perdido todo el protagonismo que tenía.

COMENTARIO. Siempre que una persona tiene dependencia de otra externa a la familia de origen, la causa suele ser una carencia en la relación con alguno de los progenitores. Este tipo de dependencias suelen perder su fuerza *cuando el dependiente descubre a quién está viendo en la persona de la cual depende.* En este caso, al resolver la carencia de Julia con su padre, su inconsciente dejó de proyectar *su necesidad esencial insatisfecha* sobre su expareja.

A través de los ejemplos presentados en este capítulo hemos visto tres tipos de adicción: a las sustancias, a las actividades y a las relaciones. Como todos sabemos, hay otros tipos de adicciones mucho más complejas y que requieren la colaboración de otros medios que escapan del propósito de este libro. De todas formas, lo expuesto anteriormente puede ser útil para aplicarlo a muchos casos con los que nos relacionamos a diario.

LIBERACIÓN DE LOS CONFLICTOS

Si un reino está dividido contra sí mismo, tal reino no puede permanecer.
Jesús de Nazaret

EL CONFLICTO se relaciona con la convergencia de dos o más posibles situaciones que son excluyentes y no pueden darse de forma simultánea. Por lo tanto, cuando surge un conflicto suele producirse un enfrentamiento entre dos partes donde una de ellas intenta imponerse a la otra.

El conflicto forma parte de las relaciones entre las personas debido a las diferencias de opiniones, expectativas, creencias, valores o deseos que a menudo existen. Por eso en la mayoría de conflictos las emociones se encuentran necesariamente implicadas, ya que está en juego la autoestima o la dignidad de las personas, su seguridad o sus intereses.

Existen diferentes tipos de conflictos. El más fácil de identificar podría ser el que protagonizan dos personas que no están de acuerdo, pero hay otro tipo de conflicto que puede ser tan común como el primero aunque más difícil de admitir y de reconocer, que es el *conflicto interior*. En este caso la persona no es capaz de armonizar la razón y los sentimientos ante una situación que requiere algún tipo de decisión o de acción.

Cuando tratamos los conflictos, nos encontramos con una clave que no podemos perder de vista: *la raíz de cualquier malestar emocional en realidad nunca tiene que ver con otras personas.* Son nuestros pensamientos los que pueden hacernos sentir mal y no los demás, aunque nos parezca todo lo contario. Cuando caemos en la *trampa de la atribución externa* responsabilizando a otros de nuestros sentimientos negativos, estamos haciendo una *proyección* en otras personas de nuestros conflictos internos no resueltos. No cabe duda de que para llevarse bien con los demás primero debemos llevarnos bien con nosotros mismos.

Un ejemplo muy común de lo que venimos diciendo lo vemos en las personas con baja autoestima. La opinión que tienen de sí mismas es negativa y tienden a desaprobarse continuamente. Esta forma de tratarse la perciben en los demás mostrando una sensibilidad a flor de piel respecto a la crítica o la desaprobación que les atribuyen. Por supuesto, la solución no está en cambiar a los demás, sino en resolver el problema interno.

El modo en que una persona experimenta el conflicto influye en cómo se desarrolla y lo maneja. Si a través de las experiencias vividas desde la infancia ha aprendido a considerarlo como una amenaza, entonces sentirá miedo y puede evitarlo o complicarlo más no resolviéndolo. En cambio, los conflictos pueden ser situaciones positivas para nuestra vida dependiendo de la actitud con la que los recibamos; a través de ellos podemos abrir nuestra mente a otras alternativas más convenientes y crecer interiormente.

El caos del bloqueo emocional

Cuando algo nos afecta mucho a nivel emocional, necesitamos protegernos para sobrevivir a la situación; entonces nuestra mente elabora bloqueos emocionales para no sentir dolor o protegerse del sufrimiento. En su momento estos bloqueos pueden ser útiles como mecanismos de defensa, pero más tarde sería necesario procesar lo ocurrido hasta lograr una comprensión y liberación de las primeras emociones y poder seguir adelante sin consecuencias. En muchos casos el bloqueo emocional queda memorizado en el inconsciente y asociado a determinadas situaciones que afectan a la persona, anclándola en forma de creencias limitantes que le impiden avanzar y pensar con creatividad ante lo que la vida le presenta.

Hay personas que pueden desarrollar su vida con normalidad, pero sufren algún bloqueo emocional en un determinado aspecto de su vida. Por ejemplo, alguien puede tener mucha facilidad para manejarse en el ámbito laboral, amistoso, familiar, pero a la hora de encontrar pareja tiene un bloqueo importante que no le deja concretar la relación, experimenta toda clase de miedos y su mente se convierte en un caos de pensamientos contradictorios. Manifiesta conductas incoherentes y extrañas que desconciertan a quienes le conocen, porque su mente no puede pensar y sentir de la misma forma que en las otras áreas de su vida.

La mayoría de los bloqueos emocionales se generan en la infancia, condicionando significativamente a la persona durante su vida. No siempre la persona es consciente de estos bloqueos, y ante algunas situaciones se siente ansiosa, boicoteándose a sí misma, frustrándose y fracasando en lo que más desea.

Otra de las manifestaciones del bloqueo emocional puede producirse cuando la persona tiene que enfrentar algún tipo de conflicto que no es capaz de resolver y, al no encontrar otras alternativas, entra en un estado de ansiedad que paraliza su mente para pensar y actuar de manera adecuada.

El caso de Ignacio

Ignacio se encontraba en un conflicto que no era capaz de resolver. Hacía un año que se había divorciado y su exmujer tenía la custodia de los dos hijos que tenían en común. Su situación era similar a la que él había vivido cuando tenía ocho años en casa de sus padres.

Ignacio había comenzado una nueva relación con una compañera de trabajo de la que se estaba enamorando, pero cuando la madre de sus hijos se enteró le amenazó con llevarse a los niños e irse a vivir a casa de su familia, que residía en otra ciudad muy distante de la que estaban. Él conocía la dureza de su exmujer y sabía que si cumplía su amenaza lo tendría muy difícil para poder disfrutar de sus hijos. Esto lo hacía sentir tremendamente culpable al pensar que ellos pudieran sufrir la experiencia que él vivió cuando sus padres se separaron.

Al parecer, las dos cosas que daban sentido a su vida eran excluyentes encontrándose ante una disyuntiva dramática que le obligaba, en principio, a renunciar a una de las dos. Desde la amenaza de su exmujer comenzó a tener fuertes dolores de estómago, malas digestiones, su mente parecía detenerse y a menudo en el trabajo lo sorprendían con la mirada pérdida, sin poder explicar en qué estaba pensando.

Ignacio reconocía que en su infancia había sufrido mucho cuando sus padres se separaron, y atribuía a este hecho el que ahora se bloqueara y lo pasara tan mal.

—Dime qué sientes respecto a esta situación —le pedí.

—Siento miedo de perder el contacto con mis hijos, y si cedo al chantaje tengo que renunciar a mi nueva relación, y eso me duele casi tanto como lo otro.

—Entonces te encuentras en un conflicto. Toma conciencia de él en lugar de evadirte.

—Sí, estoy pensando en el conflicto. Siento ansiedad...

—Mantente ahí para ver qué ocurre.

—Va perdiendo fuerza.

—Deja ir el miedo a perder a tu nueva pareja.

—Suelto el miedo de perder a Patricia. Pero siento que voy a sufrir mucho.

—Suelta también esta idea.

—Dejo ir la idea de que si pierdo a Patricia voy a pasarlo muy mal... Pienso que me sentiré muy solo... También dejo ir esta idea. Me siento mejor.

—Ahora deja ir el miedo de perder el contacto con tus hijos.

—Suelto este miedo. No se va...

—Alguna vez el miedo a separarte de tus seres queridos te fue útil —le insinué.

—No sé.

—A veces el miedo protege de algún mal.

—Sí, cuando era niño mi madre me obligaba a cuidar de mi hermano pequeño, él era muy inquieto y siempre tenía que estar muy pendiente; varias veces tuvo accidentes y alguna vez estuvo a punto de perder la vida. Lo pasé muy mal un día que estuvo a punto de ahogarse y yo me encontraba solo con él.

Al llegar a este punto interrumpió la narración porque estaba hiperventilando. Luego comenzó a llorar con mucho desasosiego hasta que poco a poco fue calmándose.

—Aun estando en la escuela aprovechaba los momentos que podía para ir a su clase y ver si se encontraba bien.

—Veo que estás cargando con mucha angustia y responsabilidad, fue una carga muy pesada para tu edad y aún la llevas encima. ¿Crees que es un buen momento para soltarla?

—Suelto todo el miedo que pasé con mi hermano, y la responsabilidad de protegerlo. Me viene mucha rabia porque yo no podía disfrutar con mis compañeros... También la dejo ir...

—Ahora, deja ir el miedo a perder el contacto con tus hijos.

—Sí, ya se va... qué alivio más grande. Me siento muy bien.

A los pocos días Ignacio habló con la madre de sus hijos y llegaron a un acuerdo bueno para todos. No perdió el contacto con sus hijos ni tampoco tuvo que romper su nueva relación de pareja.

COMENTARIO. Es evidente que Ignacio estaba atrapado entre dos alternativas excluyentes que le generaban mucha ansiedad. Este estado de ansiedad le impedía poder manejar la situación de forma hábil e inteligente. Se comenzó con la estrategia de *tratar el conflicto por partes,* ya que Ignacio lo consideraba en conjunto y esto lo bloqueaba emocionalmente. Por otra parte, asociaba su situación actual con la experiencia que había sufrido en su infancia y eso reforzaba mucho más el *caos del bloqueo.* Al tratar cada parte del conflicto por separado para liberar las emociones asociadas, enseguida nos dimos cuenta dónde estaba la causa más profunda que no le permitía darle salida al conflicto: el miedo a perder de vista a su hermano pequeño para poder protegerlo. A partir de aquí la liberación de las *emociones reprimidas* pudo completarse y él quedó en mejor disposición para poder negociar un buen acuerdo con la madre de sus hijos.

El caso de María del Carmen

María del Carmen tenía 32 años cuando su marido la dejó para irse con su mejor amiga después de serle infiel por algún tiempo. Ella quedó profundamente decepcionada y abatida con sus dos hijos de corta edad que quedaron a su cargo. Todas sus ilusiones se habían ido a la basura y su vida de repente se había oscurecido, obligándola a seguir adelante como si fuera una autómata.

Por aquel entonces una de sus amigas la invitó a asistir a una actividad que hacía la comunidad religiosa a la que ella pertenecía. Los miembros de esta comunidad enseguida la acogieron con mucho cariño y cuidaron de ella ayudándola a salir de su estado depresivo y de la amargura que le embargaba. Pasando el tiempo, ella conoció a un hombre del que se enamoró, pero se presentó un problema que parecía insalvable: este hombre no pertenecía a esta comunidad religiosa ni a otra similar, y los responsables de la comunidad no le daban el visto bueno para que ella pudiera seguir con la relación que había iniciado. Por una parte, su vida se había vuelto a llenar de ilusión y de luz. Por otra, le hacían sentir que se estaba desviando del camino correcto y que pagaría amargas consecuencias. En estas circunstancias había perdido de nuevo la paz interior que parecía haber recobrado desde que asistía a la comunidad. Su familia y sus amistades también se encontraban divididas, aconsejándole cada cual lo que bien le parecía y en lugar de ayudarla, la confundían más.

—¿Qué sientes cuando piensas en lo que vas a hacer? —le pregunté.

—Mucho desasosiego. No descanso bien por la noche y durante el día me cuesta concentrarme —me respondió María del Carmen.

—¿Te sientes bloqueada?

—Sí, porque me encuentro dividida entre mis sentimientos y mis creencias.

—Vamos a tratar de liberar, en primer lugar, las emociones que están asociadas a cada alternativa sin debatirnos entre las dos.

—Bien.

—Quiero que te relajes y enfoques en tu mente que tu vida continúa con la relación que has comenzado.

—Se me acelera el corazón...

—Acéptalo.

—Sé que no estoy haciendo las cosas bien...

—Acepta eso también.

—Todos me lo dicen. —Su agitación aumenta notablemente—. No puedo hacerlo, me voy a estrellar y me voy a quedar sola...

—¿Sientes miedo?

—Sí, siento mucho miedo. Me dicen que me aparto de la voluntad de Dios.

—Permite que fluyan estos sentimientos.

—Me siento rechazada porque estoy traicionando los principios de la comunidad. Yo los necesito, son mi familia espiritual...

—No reprimas nada de lo que te venga, solo observa lo que tu mente te da y siente.

—Siento dolor... impotencia... que estoy en deuda con la comunidad y no les puedo fallar. Siento como si mis piernas estuvieran atadas y no las pudiera mover. No quiero seguir con esto, vamos a dejarlo.

—¿Prefieres seguir atrapada en este conflicto?

—No lo sé. Haré lo que me dicen, ellos saben más que yo y Dios me va a bendecir.

—Bien, siéntete libre.

En este momento suspendimos la sesión ya que María del Carmen se había desconectado bruscamente del proceso de liberación.

Pasaron dos meses y volvió a aparecer por la consulta explicando que se sentía mucho peor. Tenía fuertes dolores de cabeza y aunque tomaba calmantes solo le hacían un efecto paliativo. En la comunidad le decían que la causa de sus males era su resistencia a la voluntad de Dios, pero cuando intentaba dejar la relación la desesperación que sentía superaba los sentimientos de culpabilidad por no seguir «la voluntad de Dios».

—Vamos a tratar de conectar con Dios directamente en esta sesión para que tú lo experimentes por ti misma; por el momento dejaremos a un lado lo que te dicen —le propuse.

Ella quedó un poco desconcertada, pero enseguida reaccionó y dijo:

—Sí, esto es lo que quiero.

—Bien, vamos a comenzar con un diálogo interno. Estas dos partes tuyas deben escucharse y llevar su conclusión a Dios para poder recibir de él la respuesta. Las dos quieren algo bueno para ti, pero aún no se han puesto de acuerdo. Relájate y atiende a esta parte que tiene miedo. Pregúntale qué cosa buena desea para ti cuando te hace sentir ese miedo.

—Quiere protegerme.

—Pregúntale ahora: «Si ya estuviera protegida, ¿qué cosa mejor que esta desearías para mí?».

—Que estuviera bien con todos.

—«Si ya estuviera bien con todos, ¿qué cosa mejor que esta desearías para mí?».

—Que fuera feliz.

—«Si ya fuera feliz, ¿qué cosa mejor que esta desearías para mí?».

—Paz.

—«Si ya tuviera paz, ¿desearías alguna otra cosa mejor que esta para mí?».

—No, sentir paz es lo que más deseo.

—Bien, parece que estas dos partes han llegado a encontrarse. Coincide que el sentir paz es una necesidad esencial que todos tenemos y a su vez, también es un atributo esencial de Dios. Así que deseo que hagas un acto de voluntad y conectes con Dios mismo, él es la Fuente Universal de la Paz. Dime lo que estás experimentando.

—Me estoy llenando de paz, siento plenitud de paz.

—Bien, decide que esta experiencia de paz sea tu estilo de vida.

—Sí, tomo esta paz y me nutro de ella para que forme parte de mí.

—Y ahora que experimentas esta plenitud de paz, ¿en qué manera cambia tu necesidad de ser feliz?

—Ya lo soy.

—¿En qué manera cambia tu necesidad de estar bien con todos?

—Yo me siento bien con todos; ellos, no lo sé.

—¿En qué manera cambia tu necesidad de sentirte protegida?

—Ya lo estoy.

—¿En qué manera cambia el miedo que siente esta parte de ti?

—Ya no hay miedo.

—Dile a esta parte de ti que también se nutra de esta paz hasta que la experimente plenamente.

—Sí, ahora veo que esta parte es una niña pequeña y asustada.

—Pregúntale qué edad tiene.

—Dice que siete años.

—¿Qué ocurrió cuando tenías siete años?

—Desobedecí a mi madre y me rompí la pierna. Me hizo sentir muy culpable. Me lo estuvo recordando por mucho tiempo...

—Quiero que lleves esta paz que sientes a esta niña.

—Sí, la toma... ahora está creciendo y se hace una conmigo. Me siento muy bien.

—Piensa de nuevo en tu conflicto.

—Dentro de mí ya no hay conflicto, está fuera de mí. Puedo ver cómo unos dicen una cosa y otros, otra diferente. Ahora no veo que estas dos áreas de mi vida sean exclusivas, más bien siento que pueden sumarse y enriquecer una a la otra. No tengo por qué sacrificar nada.

Después de dos años, María del Carmen se casó con el hombre del que se había enamorado, y actualmente están asistiendo a otra comunidad religiosa que tiene otra forma más abierta de ver las cosas.

COMENTARIO. Aunque se intentó en primer lugar *reducir la carga emocional de cada parte del conflicto*, ella decidió no continuar a causa de la angustia que le producía. Sin duda, su inconsciente asociaba la situación que le perturbaba con la experiencia que había vivido a los siete años. Por eso decidimos utilizar la *técnica del diálogo interior*, así pudimos conocer cuál era la necesidad esencial que las dos partes necesitaban satisfacer. Entonces fuimos a la Fuente para que recibiera lo que sus dos partes realmente necesitaban y salió a la luz la experiencia que tenía pendiente de resolver. Se consiguió la integración de sus partes en conflicto y, en consecuencia, el conflicto desapareció de su vida. El tiempo demostró que no era necesario tal conflicto.

Ciertamente hay infinidad de conflictos. A algunos los creamos nosotros mismos y otros nos los crean otras personas cuando proyectan sobre nosotros sus temores o lo que quizás ellos no tengan resuelto. Como decíamos al principio, la clave siempre está en nuestro interior. Si nos observamos podremos apreciar que, independientemente de lo que digan los demás, dentro de nosotros no hay unidad interior. Ahí es donde hemos de centrarnos y trabajar para poder conseguirla. Al liberar las emociones reprimidas, las experiencias del pasado y las creencias limitantes, desaparecen los conflictos aunque el mundo entero estuviera en nuestra contra.

LIBERACIÓN DEL DOLOR Y DEL TRAUMA DE LA PÉRDIDA

El dolor es inevitable pero el sufrimiento es opcional.
Buda Gautama

El dolor y el sufrimiento son parte de la vida, pero algunas veces se sufre innecesariamente.

Dolor y sufrimiento no son sinónimos, sino diferentes aspectos de la respuesta de la persona ante una situación.

El dolor emocional es el sentimiento que surge ante determinadas situaciones, generalmente relacionadas con una pérdida que nos afecta de una manera importante.

El dolor es una sola emoción, su duración es relativamente corta y es proporcional al evento que la produjo.

El sufrimiento va un paso más allá. Es la respuesta cognitivo-emocional que tenemos ante una situación dolorosa.

Es un conjunto de emociones y pensamientos que se entrelazan, adquiriendo mucha más intensidad y duración que el dolor emocional.

De hecho, el sufrimiento puede durar indefinidamente, afectando sensiblemente a nuestra personalidad y a nuestra vida, aunque la situación que lo provocó ya se haya solucionado.

Se habla de trauma cuando un hecho vital deja en nosotros una herida psicológica, un acontecimiento que quiebra la vida modificando nuestro mundo interior, dejando una huella indeleble ya sea consciente o inconsciente.

Muchas veces las personas que sufren los efectos de un trauma no se desvinculan del ambiente emocional del acontecimiento traumático. La experiencia ha creado una reacción de miedo intensa, de indefensión; ha alterado tanto la vida de la persona que ha marcado un antes y un después que producirá una nueva conceptualización del mundo y de uno mismo.

Aunque la pérdida de personas cercanas forma parte natural de la vida, cuando la hemos de experimentar de forma directa su impacto puede ser tan profundo que se convierte en uno de los mayores retos que posiblemente debamos enfrentar. La muerte de la pareja, de un padre, de un hijo o de un hermano son experiencias inolvidables, sobre todo si suceden en etapas tempranas.

El duelo es un proceso de ajuste emocional después de una pérdida, durante el cual diversas emociones compiten entre sí. El proceso incluye diferentes etapas que detallamos a continuación y pueden explicarse separadamente, aunque no siempre se presentan de un modo ordenado.

Impacto. Es la primera reacción: una sensación de paralización, desorientación e incredulidad. La vida se estanca y la atención se concentra en la pérdida sentimental. Se bloquean las emociones y es difícil concentrarse en las tareas diarias. Cuesta conciliar el sueño y se pierde el apetito.

Negación. Es muy probable que junto con esta primera reacción la persona ponga en marcha sus primeros mecanismos de defensa para postergar, aunque sea un poco, el impacto de la agresión que la noticia necesariamente implica. Esta primera barrera defensiva lo lleva a decir y sentir: «No quiero», «No puede ser», «Debe ser un error». La persona se convence de que ha habido una equivocación.

Pena y depresión. Suele describirse como un sentimiento de vacío, como si faltara una parte de uno mismo. Aparecen la angustia, las ideas circulares y las negativas. Lo particular en este caso es que estas ideas pueden causar la depresión pero también, y sobre todo, son su consecuencia. La depresión es la fase del duelo donde más se atascan las personas, hasta que liberan la profundidad de su angustia.

La culpa y la rabia. Estas dos emociones suelen darse y muchas veces de manera poco racional e injusta. En el primer caso, la persona suele atribuirse la causa o la responsabilidad de la pérdida y como no puede cambiar la situación se agrede a sí misma. En el segundo caso, la presencia de la rabia puede considerarse normal durante el duelo, pues la persona se siente herida y se rebela contra la realidad.

Aceptación. La despedida es la transición más difícil del proceso de duelo. No solo hay que aceptar que la relación se ha terminado o el ser querido ha partido, también hay que dejarlo ir. La aceptación solamente aparece cuando la persona ha podido elaborar sus emociones y deja de verse a sí misma, entonces es capaz de sentir y pensar de forma diferente y comienza a experimentar la paz.

El caos del trauma, del dolor y de la tristeza

Cuando una persona sufre la pérdida de un ser querido o la traición de quien más confiaba, suele caer en un estado de profundo dolor, incomprensión, tristeza, rabia, impotencia y frustración. En muchas ocasiones se hace difícil salir de esta situación y se cae en un círculo de pensamiento recurrente que refuerza más el estado de sufrimiento.

El alcance del daño psicológico estará en función de múltiples factores, ya que el hecho traumático se interpreta según la historia personal, sus creencias, su personalidad, aspectos de la situación, las circunstancias, los esquemas cognitivos propios, la existencia o no de trastornos previos. Además, dependerá de la intensidad y gravedad del hecho, ampliándolo sensiblemente si se trata de un hecho inesperado, intencional, repetitivo y prolongado en el tiempo.

En la ruptura de las relaciones destacamos algunos factores particulares que pueden complicar el duelo. Uno de ellos es *la dependencia*. La persona dependiente nunca desea terminar la relación; su reacción afectiva es lenta y se aferra a la idea de que aún queda algo vivo en la relación. Al negarse a darla por terminada, no puede afrontar la recuperación. Se obsesiona pensando en la otra persona, incapaz de concentrarse en otros aspectos de su vida y si ha sufrido rechazo suelen aparecer los sentimientos de venganza. Es susceptible de creer que su mundo se ha empequeñecido mientras que el de la pareja se ha hecho cada vez más grande y estimulante. Algunas personas muestran una tendencia a disfrutar del propio pesar y utilizan la exageración para torturarse.

Una reacción opuesta a la anterior es cuando la persona llena su vida con numerosas actividades o nuevas relaciones para suprimir el sufrimiento. Es como si se produjera una incapacidad de serenarse y quedarse a solas.

Con frecuencia se observa *el fenómeno de la mariposa en la llama*. Esta es una de las reacciones más dolorosas que se dan durante la recuperación. Consiste en una conducta zigzagueante que lleva a retroceder reiteradamente a la relación pasada produciendo un sufrimiento cada vez mayor a causa del reiterado rechazo. La situación evoca a una mariposa atraída por una llama. Cuánto más se acerca la mariposa a la llama, más aumentan las heridas, pero nunca llega a modificar su conducta. Llamadas telefónicas y mensajes constantes, notas, envío de regalos, encuentros casuales y declaraciones de amor. Estas acciones, en lugar de convencer a la expareja, le producen una molestia creciente hasta que responde ignorando y mostrándose indiferente u hostil. La consecuencia es la destrucción del amor propio del rechazado del mismo modo que la llama acaba destruyendo a la mariposa. Se pierde entonces el sentido de la realidad y el control emocional. En los casos graves de mariposa en la llama, la persona es incapaz de reconocer que es imposible lograr que alguien sienta lo que no siente hasta que alcanza el nivel emocional más bajo.

Cuando la pérdida supera las capacidades de la persona, esta entra en una situación de caos emocional. Entonces comparte muchos síntomas con los trastornos de ansiedad y se observa la *reexperimentación* del suceso traumático en forma de pensamientos, emociones, somáticos y sueños. Intenta la evitación cognitiva y conductual de los estímulos asociados al hecho estresante y puede experimentar una respuesta de temor, desesperanza y horror muy intensos. La hiperactivación fisiológica producida por la desregulación de neurotransmisores probablemente provocará un desequilibrio emocional, con claras manifestaciones de aumento de la agresividad, ira, hipervigilancia, sobresalto exagerado y conductas autoagresivas.

El caso de Rosa

Rosa es profesora en una escuela profesional, a sus 40 años estaba divorciada y vivía con su único hijo, de 18 años. Acudió a la consulta en un estado depresivo. Su hijo había hecho un viaje con unos amigos unos meses antes y tuvo un fatal desenlace: murió ahogado en el mar al adentrarse temerariamente.

El impacto que tuvo cuando se lo comunicaron fue brutal, quedó en estado de *shock* y desde entonces vivía como un autómata. Era incapaz de dormir aun tomando medicación, vivía en un constante estado de agitación y se mortificaba pensando que no debería haberle dejado marchar. No podía quitar la imagen de su hijo ni por un momento de su mente y era incapaz de centrarse en nada más. Apenas comía, no podía continuar con su trabajo y a veces hasta tenía alucinaciones. Su salud comenzaba a resentirse y con frecuencia se sorprendía a sí misma ideando la mejor manera para irse con su hijo.

—Todo cambió en un momento —me dijo Rosa—. Yo era una persona alegre y vivía muy feliz con mi trabajo, mis amigos. Acababa de estrenar un apartamento muy lindo y con mi hijo tenía una conexión muy especial. Pasábamos muchos ratos juntos hablando y haciendo planes... Era realmente feliz y nunca le hice mal a nadie para que me quitaran a mi hijo.

—¿Te sientes enfadada con Dios?

—Totalmente. No sé de qué me ha servido todo lo que he hecho por tantos años para intentar agradarle.

—¿Qué sentimiento sientes con más fuerza?

—Mucha rabia, mucho enojo, mucho de todo.

—Atiende tus sentimientos.

—¿Cómo?

—Que te permitas sentir esta rabia.

—Si me la permito sentir comenzaré a romper cosas, en casa ya he roto unas cuantas.

—Inténtalo.

—Duele mucho... —llora amargamente—. Siento mucho dolor y mucha rabia, es injusto... muy injusto...

—Conforme vas identificando y expresando tus emociones, no las retengas, decide soltarlas.

—No sé si puedo.

—No tengas pena de soltarlas; en ningún caso traicionas la memoria de tu hijo.

Estuvo por un tiempo expresando emociones y llorando con mucha amargura, pero poco a poco se fue calmando.

—Enfoca mentalmente a tu hijo —le pedí.

—No hace falta, siempre está ahí.

—Sígueme a mí y háblale conforme te vaya diciendo. —Vi que asentía con la cabeza y continué—. Aunque te hayas ido tan pronto, tú siempre serás mi hijo y yo siempre seré tu madre.

Ella lo repitió lentamente y luego dijo:

—Me gusta decir esto.

—Siéntelo —seguí diciéndole—, «Siempre estarás en mi corazón. En realidad, tú has dejado una huella en mí que siempre me acompañará, desde que te concebí has enriquecido mi vida y yo también he crecido contigo, y ahora, mucho de lo que soy te lo debo a ti».

—Me encanta decirle esto a mi hijo.

—«Creo que estoy sufriendo más por mí que por ti».

—¿Cómo? —dijo Rosa, sorprendida.

—La rabia, el dolor y todo lo demás que sientes es tuyo, no suyo. Eres tú la que está sintiendo la pérdida y se resiste a aceptarla. No tenemos evidencia de que él se sienta mal.

—Esto es nuevo para mí. Yo pensaba que lo hacía por él, casi siento vergüenza de cómo me estoy comportando. Es cierto, solo veo mi dolor y mi frustración.

—Síguele diciendo: «Cuando tú te fuiste, una parte de mí se fue contigo, y ahora la dejo ir».

—Sí, su imagen se aleja. Me cuesta enfocarlo.

—¿Lo puedes sentir que está contigo aunque no lo veas?

—Sí, eso sí. Y además siento paz y un alivio muy grande.

COMENTARIO. Rosa no podía salir de la situación de duelo en que vivía; se sentía una injusta víctima de la vida y la amargura la tenía atrapada.

Fue necesario realizar tres cosas: *dar salida a las emociones*. Aunque ella pensaba que lo hacía cada día, en realidad lo que hacía era realimentarlas. *Despedirse* de su hijo reconociendo que su huella siempre quedaría con ella y, finalmente, *tomar conciencia de que solo se veía a sí misma,* aunque diera la impresión de que el amor por su hijo era el protagonista de su dolor. Una vez hecho esto, Rosa pudo salir de inmediato del pozo donde se encontraba.

El caos del abandono y maltrato infantil

Siempre que hay algún tipo de abandono o maltrato en la infancia de un niño o una niña, tiene consecuencias que irán manifestándose en su desarrollo. Algunas de ellas seguirán en su edad adulta presentando problemas importantes a nivel personal, de relaciones y en sus intentos de logro.

La gravedad y las características de los comportamientos posteriores se encontrarán directamente relacionadas con la experiencia sufrida por el abandono o los malos tratos por una parte y, por otra, con las características personales y el apoyo social que haya recibido la víctima.

Hay una serie de síntomas que suelen manifestarse de forma típica, tales como: baja autoestima, incapacidad para confiar en los demás, comportamientos agresivos, desordenados, autodestructivos y autoabusivos, pensamientos suicidas, dependencia, ansiedad, desórdenes alimenticios, angustia, histeria, hiperactividad, estrés postraumático, retraimiento, miedo de entablar relaciones o actividades, deficiencia académica, depresión, abuso de drogas o alcohol, incapacidad para mantenerse despierto o concentrarse por largos períodos.

El caso de Ricardo

Cuando Ricardo ingresó en un centro de rehabilitación de toxicómanos y marginados a la edad de 24 años, explicaba que no recordaba a sus padres ya que había sido criado por su abuela. En realidad, su abuela solo le proporcionaba sus necesidades más básicas pero nunca fue una educadora para él. La calle fue casi todo en su vida: su hogar, su escuela, el lugar donde realizaba sus actividades económicas y lúdicas. Todo lo que era importante para él se encontraba en la calle y, de adulto, terminó siendo un inadaptado social. Tenía carencias significativas en sus habilidades sociales. Fuera del grupo con el que se relacionaba se sentía muy inseguro y mostraba una actitud defensiva y arisca. Delinquir y consumir droga se convirtieron en actividades habituales para él.

Ricardo había recaído varias veces en el consumo de la droga, y aunque en el centro de rehabilitación se adaptaba bien y seguía el programa de desintoxicación, cuando salía al cabo del tiempo volvía a consumir. A través de un familiar nos pusimos en contacto con el director del centro y todos estuvimos de acuerdo en que Ricardo siguiera un tratamiento más individualizado antes de volver a salir.

En una de las sesiones que tuvimos tratamos la relación con su madre.

—Deseo que pienses en tu madre —le pedí a Ricardo.

—No quiero saber nada de ella —seguidamente expresó algunos improperios.

—Comprendo tu enojo, pero una parte de ella está en ti.

La expresión de su semblante se endureció más aún y dijo con mucha rabia:

—Me arrancaría esta parte si pudiera —siguieron más injurias contra su madre—. No tienes ni idea de lo que la he echado de menos, cuánto he llorado y lo solo que me he sentido. La odio profundamente, ojalá me hubiera abortado.

—Durante años hubieras dado lo que fuera por estar con ella, por uno de sus abrazos...

Ricardo me interrumpió:

—Toda esa necesidad se transformó en odio y si la viera tirada en la calle no la recogería.

—Quisiera explicarte que dentro de ti hay dos partes: una odia profundamente a tu madre; en cambio, la otra sigue deseando verla y recibir su abrazo. Por esa razón has pasado la vida apegándote a sustitutos de tu madre, y uno de ellos ha sido la droga. Ahora necesitamos resolver la relación con tu madre para que puedas salir definitivamente de esta adicción.

Ricardo quedó pensando por unos segundos. Sus ojos se desviaron hacia arriba a su izquierda buscando recuerdos e imágenes y estuvo a punto de decir algo pero no lo hizo.

—Estoy de acuerdo en que te permitas expresar todo tu sufrimiento y tu ira, así luego podremos escuchar a la otra parte —le seguí diciendo.

Sus ojos se humedecieron y con otro tono de voz comentó lo siguiente:

—El odio me ayuda a no sentir el dolor. Nunca quiero pensar en mí porque me siento como una basura.

—Ya.

—Mi vida es un fracaso total. Cada vez que salgo del centro lo hago con buenos propósitos, pero luego vuelvo a lo mismo.

—Imagínate que tuvieras un hijo, ¿podrías hacerte cargo de él?

—Por supuesto que no.

—¿Qué crees que le pasó a tu madre?

Se queda un momento pensando.

—Mi abuela me dijo que ella lo pasó muy mal cuando era niña. Mi abuelo abusó de ella y la maltrataba.

—También fue una víctima.

—Sí, no pudo cuidar de mí. Creo que soy muy cruel con ella.

Se quedó en silencio durante algunos minutos, luego lloró en silencio.

—¿Podrías decirle algo a tu abuelo?

—Sí, que lo hago responsable del sufrimiento de mi madre y del mío.

—¿Podrías perdonar a tu madre?

—Mamá, siento haber sido tan injusto contigo. Sé que si hubieras podido hubieras cuidado de mí. Yo te perdono.

—¿Cómo sientes ahora?

—Tengo una sensación muy extraña. Me siento más ligero. Es... como si ahora tuviera una madre. Sí, me siento con alegría...

COMENTARIO. Otra forma de salir del drama que hemos sufrido en nuestra vida es a través del *perdón*, aunque para poder llegar a él hay que andar dos pasos previos: el primero es el *descentrar la atención de nosotros mismos* para salir de la victimización, solo así podemos ver otras cosas que pueden mostrarnos una realidad más objetiva. El segundo es *mirar con comprensión* al que le atribuimos la causa de nuestras desgracias. Luego no es difícil perdonar desde el corazón y experimentar liberación y paz.

En la vida de las personas puede haber diferentes tipos de experiencias traumáticas, muchas de ellas incluyen la pérdida de algo o de alguien, el dolor, la rabia, la impotencia, etc. A causa de eso, es fácil quedar atrapado en estas emociones después del primer impacto, sentirse víctima y ser incapaz de tomar perspectiva. Como apuntábamos al principio, lo que nosotros le añadimos a las emociones en forma de ideas, supuestos, creencias, etc. es lo que sobredimensionará el sufrimiento y nos mantendrá prisioneros de nosotros mismos. En los ejemplos que hemos presentado hemos podido comprobar que los pasos fundamentales para salir de estas situaciones de caos emocional serán: la liberación de las emociones reprimidas, descentrar la atención de nosotros mismos para poder descalificar las creencias limitantes y vislumbrar otros aspectos de la realidad que cambiarán nuestra forma de sentir y, por último, despedir al que se fue o perdonar al que nos dañó (que podrían ser sinónimos en las situaciones que tratamos). Como consecuencia, la sensación de paz y liberación se hacen presentes.

LIBERACIÓN DE LAS CRISIS EXISTENCIALES Y ESPIRITUALES

*Y deseando morirse, dijo: Basta ya, oh Señor, quítame la
vida, pues no soy yo mejor que mis padres.*
Elías (Profeta hebreo)

Cuando se produce una crisis existencial o espiritual tiene lugar una alteración importante en la vida de la persona. Lo que estaba en un lugar conocido deja de estarlo. El rompecabezas que hasta ese momento se mantenía en coherencia se desparrama y la persona observa, muchas veces con angustia, todas esas piezas fuera de lugar y no sabe por dónde comenzar a recomponerlas.

Por otra parte, una crisis de este tipo puede ser uno de los acontecimientos más importantes en la vida de una persona, y si consigue resolverla adecuadamente puede proporcionarle un sentido de autosuficiencia moral y personal que repercutirá el resto de su vida.

Aunque la vivencia de crisis es difícil de esquematizar, se la puede reconocer desde cuatro aspectos:

Desconexión. La persona se desconecta básicamente de sí misma, de los demás y de la vida. Es un movimiento hacia adentro, se recoge en sí y se aísla.

Pérdida del sentido de vida. Desaparece el «para qué vivir», para qué despertar, trabajar, comunicarse o hacer planes. En esos momentos la persona ansía desaparecer, permanecer dormida, y hasta morir. Es incapaz de sufrir su experiencia con sentido, de responder a lo que le está sucediendo. No cuenta consigo misma para vivir la situación y suele sentir un profundo enojo; queda en una situación de desamparo sin motivación para salir de ella.

Culpa. Con frecuencia experimenta sentimientos de culpa por no poder darle a los demás lo que quisiera, pues al sentirse mal no puede responder adecuadamente.

Dolor de vida. Duele despertar, levantarse, estar consciente, vestirse, trabajar; duele hablar con los demás, sonreír como si no pasara nada. Cada esfuerzo por funcionar es enorme y muchas veces no se puede lograr. Además, la vida no brinda disfrute alguno; la alegría está cancelada y muchas veces tocar por un instante el placer aumenta al instante siguiente el dolor. En la crisis se pierde también la esperanza, y la existencia se ve a través de lentes oscuros y se distorsiona la percepción de la realidad.

La crisis generalmente se desata después de una pregunta existencial: «¿Cuál es el sentido de mi vida?», o «¿Por qué nunca soy feliz?», «¿Existe vida después de la muerte?», o «¿De qué sirve la vida si todos vamos a morir?».

Una crisis existencial llevada a su punto más extremo puede causar una gran ansiedad en la persona que no logra centrarse en el ahora porque le preocupa demasiado dar respuesta convincente a las preguntas antes mencionadas.

El hecho de vivir sin un sentido es lo que hace que algunas personas se sientan agotadas, con miedo, nervios y falta de motivación. Muchas veces detrás del pánico de morir existe el miedo al vacío, a lo desconocido o a la nada.

Diferentes circunstancias pueden desencadenar una crisis de este tipo, tal como una enfermedad grave, una frustración importante, una gran decepción o simplemente el acto mismo de cuestionar lo que siempre ha sido así.

Con todo, una crisis existencial no deja de ser una crisis emocional con profundas implicaciones en la vida misma de la persona, pues busca rebatir y lidiar con sus propios valores, objetivos, virtudes y defectos, como si quisiera construir una persona nueva y distinta a la original.

El caos de las memorias perinatales

Es frecuente pensar que las experiencias que no recordamos de nuestras vidas, por ser muy tempranas, ya no nos afectan; más aún, cuando nos referimos a las que ocurrieron en el nacimiento o en la vida intrauterina. Pero la realidad es muy diferente. Es sabido que las experiencias perinatales quedan inscritas como una forma de memoria inconsciente en el sistema psicofísico tanto del embrión como del neonato, y su influjo tiene repercusiones que se trasladan a la vida adulta. Muchos de los síntomas orgánicos y psíquicos que padecen las personas, la dificultad en las relaciones o la visión de sí mismos, pueden resonar con aspectos traumáticos que se han vivido en ese período.

Cada fase de esta etapa puede quedar afectado por diferentes circunstancias que perturban el desarrollo natural y positivo del nuevo ser. En el momento de la *concepción* se encuentran en juego diferentes factores tales como el estado físico, las condiciones psicoemocionales de los padres o las circunstancias en que se realiza. En la primera etapa de la *nidación* se establece el llamado vínculo intrauterino, la unión del embrión con la madre que lo acoge, lo nutre y le permite su crecimiento. La aceptación es un requisito importante en el establecimiento de la seguridad vital; ser acogido, protegido y aceptado en ese estrato tan tierno y vulnerable en el que el embrión busca el territorio donde implantarse. En la *gestación* comienza un rápido despliegue de células y tejidos que formarán los distintos órganos y sistemas. A las ocho semanas, con un tamaño de tres centímetros, ya tiene todos los órganos esenciales formados, que irán creciendo y madurando durante los siete meses siguientes. Durante este período, la relación madre-hijo es muy estrecha y el hijo experimentará muchas sensaciones que quedarán grabadas en su memoria. Le sigue la experiencia del *nacimiento*, que no es inocua, la viven intensamente tanto la madre como el bebé, y dejará claras huellas en la psicología y anatomía del recién nacido. Lo que ocurre en este evento de cambios brutales para el feto puede convertirse en el patrón guía con el que la persona deberá afrontar las nuevas situaciones que la vida le presente. En la *vinculación* que el bebé establecerá con la madre después del nacimiento se definirá si esta le proporciona la satisfacción a sus necesidades esenciales tales como la nutrición, la seguridad o el amor que percibirá, por ejemplo, a través del contacto.

Para dar una idea más completa de lo que acabamos de decir, nos referiremos al sistema de creencias que ha tenido origen en esta etapa a través de las sensaciones que el córtex se ha encargado de traducir. «Soy incapaz de salir de esto solo», «La cabeza me va a estallar», «La vida es una lucha», «Nadie me quiere», «El mundo está lleno de peligros», «Me siento en un callejón sin salida», «Me siento presionado». El sentimiento de rechazo, el miedo al abandono, la rabia o resentimiento por haber sufrido daño, o la desconfianza. Todo lo que tiene que ver con lo que viene impuesto desde afuera, las situaciones asfixiantes (temblar con sensación de ahogo), las cavernas, la oscuridad, los ascensores, el agua, son todo elementos con los que se puede simbolizar la experiencia perinatal.

El caso de Sandra

Cuando conocí a Sandra tenía 38 años y, según aseguraba, nunca pudo disfrutar de su vida de forma estable. Todo lo vivía con angustia y desespero, como si el tiempo se terminara y fuera a pasar algo grave. A menudo, cuando tenía que enfrentar alguna situación que salía de lo normal, experimentaba en la garganta una presión que la ahogaba. Con frecuencia experimentaba crisis de pánico injustificadas y no recordaba ninguna experiencia traumática. Aunque en su vida fue progresando hasta llegar a ser una profesional competente, siempre tenía la sensación de que algo la frenaba y no la dejaba avanzar. Nunca vivía en la zona del equilibrio. A las situaciones las experimentaba como horribles o como maravillosas. Periódicamente tenía crisis existenciales, no le encontraba sentido a la vida y se sumía en un mar de preguntas sin respuesta. Sus relaciones familiares también eran tormentosas y sus estados de ánimo pasaban de la euforia al abatimiento. Su salud también estaba afectada: problemas frecuentes en la piel, dolores de cabeza, problemas digestivos y otros.

Había sido atendida por diferentes profesionales que habían paliado los síntomas físicos, pero el conjunto de sensaciones y sentimientos que le angustiaban seguía sin mejorar.

En una de las sesiones que tuvimos nos centramos en tratar la presión que sentía en la garganta.

—Es como si alguien con sus dos manos me apretara la garganta impidiéndome respirar. Siento que no me pasa el aire y me bloqueo —me explicó Sandra.

—¿Desde cuándo tienes esta sensación?

—No lo recuerdo, creo que desde siempre.

—Bien, deseo que cierres los ojos y respires lentamente relajándote. Centra la atención solamente en esa sensación de presión en la garganta.

—Empiezo a sentirla...

—Permite que siga haciéndose presente.

—Ahora siento la presión muy fuerte, me cuesta respirar.

—No intentes salir de ahí, deja que fluyan las sensaciones. Tú solamente observa sin miedo.

—Cada vez me siento peor... Mucha angustia... la cabeza me va a estallar...

—Sigue.

—Es una sensación muy rara, yo quiero ir hacia delante y me están tirando hacia atrás como si tuviera una cuerda en el cuello.

—Todas estas sensaciones corresponden a una experiencia concreta.

—Sí, creo que estoy intentando nacer, pero siento que voy a morir. Hay mucho ruido...

—Es necesario atravesar esta experiencia.

—Se ha vuelto todo oscuro, me siento muy débil...

—Posiblemente entraste en un estado de inconsciencia.

Quedó unos momentos en silencio mientras se fue relajando.

—Ahora sígueme a mí en lo que te iré diciendo y lo vas repitiendo, experimentándolo profundamente —le dije—. «Reconozco que mi primer contacto con el mundo fue complicado y difícil. Comprendo que las sensaciones y el sufrimiento que padecí entonces quedaron grabados en mi memoria y se han ido reestimulando a lo largo de mi vida, pero ahora ya no tiene sentido, es una carga inútil. Aquella amenaza ya no existe, así que, como todas estas memorias no forman parte de mi ser aunque las he cargado hasta ahora, yo las dejo ir... las libero de mi mente para poder experimentar la vida a través de lo que soy, y no de estas memorias. Las libero también de mi sistema nervioso y de cada una de las células de mi cuerpo».

—¡Uf! Es como si hubiera estado metida dentro de un traje de buzo y ahora ya no está.

—Dime cómo te sientes.

—Pues, ya está... ya puedo respirar y llenar mis pulmones. Puedo mover los brazos sin sentirlos atados; me siento libre en mayúsculas.

—¿Tiene sentido vivir?

—¡Tiene todo el sentido para mí! ¡Ahora sé que le puedo dar sentido a mi vida!

COMENTARIO. Cuando Sandra lo contrastó, su nacimiento fue muy traumático y estuvo a punto de morir. Ella solo sabía que su madre había sufrido en el parto, pero no tenía ni idea de lo que ella había sufrido.

Para llegar a conectar con esta experiencia, que en principio no conocíamos, partimos del síntoma y facilitamos que Sandra entrara en un *estado de evocación más profundo* para que su inconsciente le fuera dando las memorias que necesitaba liberar. El hecho de atravesar de nuevo la experiencia y *hacerla consciente* hizo perder la fuerza que estas memorias tenían sobre ella. Finalmente se hizo una *liberación guiada y consciente* de los «programas» que había en estas memorias. El resultado fue una liberación espectacular que Sandra expresaba así: «Me siento una nueva persona y ahora puedo disfrutar plenamente de cada momento de mi vida».

En este caso, su crisis existencial venía provocada por las limitaciones y el sinsentido de su experiencia de vida.

El caos de la frustración espiritual

La frustración espiritual suele llegar cuando se vienen abajo aquellos presupuestos o creencias que nos han enseñado y hemos adoptado como ciertos y como referentes en nuestra vida. La causa suele ser el impacto negativo que nos puede producir una o varias experiencias en sí mismas o en la interpretación que hacemos de ellas; estas experiencias entran en conflicto o descalifican el valor de verdades absolutas que le habíamos atribuido a nuestro sistema de creencias espirituales. Por ejemplo, una de las premisas cristianas

LIBERACIÓN DE LAS CRISIS EXISTENCIALES Y ESPIRITUALES

incuestionables es que Dios es Amor. Si un cristiano sufre una experiencia trágica en su vida en la que ha comprometido sus creencias espirituales y el resultado es contrario a lo esperado, puede hacer dos cosas: reinterpretar lo ocurrido para que no quede afectado el sistema de creencias, o cuestionarlo. Si lo cuestiona, entra en una situación de caos espiritual, porque los referentes dejan de serlo y la estructura sobre la que había construido buena parte de su vida se viene abajo. Entonces, la crisis espiritual se convierte en una crisis emocional que puede afectar integralmente a la persona.

El caso de Marta y Javier

Este matrimonio no tenía hijos y los deseaban profundamente. Ellos pertenecían a una iglesia cristiana y oraban fervientemente para que Dios les concediera un hijo. Después de varios años de espera y de pruebas médicas para asegurar que no había ningún impedimento, Marta quedó embarazada. La alegría fue enorme en la familia y en la iglesia a la que asistían. Todos elevaban oraciones de gratitud a Dios por su respuesta y declaraban su bondad. Cuando nació el niño la madre percibió algo extraño en él... se encontraba afectado por el síndrome de Down. La madre sufrió un *shock* y su primera reacción fue rechazar a su hijo. Pasados dos días su corazón se conmovió por su hijo y pudo abrazarlo, pero su frustración se volvió contra Dios. La mayoría de los que venían a verla no sabían qué decirle, ni tampoco ella permitía que le dijeran cualquier cosa, mucho menos que le hablaran de Dios. Javier también se encontraba confundido, aunque no expresaba su ira como su esposa, y juntos pasaban mucho tiempo en silencio invadidos por una profunda tristeza y desconcierto.

Pasados tres años acudieron a la consulta porque Javier había convencido a su esposa para que aceptara ayuda y pudieran salir de aquella situación de colapso en la que se encontraban.

Después de explicarme todo lo ocurrido, Marta me dijo muy enfáticamente:

—Si quiere ayudarnos, le pido que ni me hable de Dios ni de que tengo que volver a la iglesia.

—No era mi intención —le contesté—. Creo que tenemos otras cosas más importantes y necesarias que hacer.

—Bien, entonces podemos continuar.

Le pedí a Javier que me dejara a solas con su esposa para comenzar a trabajar en su experiencia traumática.

—Todo fue bien hasta el momento del nacimiento de tu hijo —le dije para situarla donde necesitábamos.

—Sí, así fue —respondió con cierta dureza.

—¿Hay alguna imagen de esta experiencia que borrarías de tu memoria si pudieras?

—Sí.

—¿Cuál?

—Cuando vi la cara de mi hijo por primera vez.

—Cierra los ojos y vuelve a enfocarla.

—No, no quiero.

—Por favor...

Se mantuvo unos momentos con la cabeza baja, posiblemente luchando consigo misma, y luego accedió a cerrar los ojos. Se mantuvo un tiempo en silencio y sus ojos comenzaron a humedecerse.

—Fue horrible... Nadie tiene idea de lo que sentí en aquel momento.

—Identifica los sentimientos que tu mente te da.

—Sorpresa, rechazo, incomprensión, la sensación de estar viviendo una pesadilla irreal. Mi mente se paralizó y negaba lo que estaba viendo. Mucho dolor cuando el médico habló conmigo... Mucha injusticia. No es justo lo que Dios me hizo. Es como si se hubiera burlado de mí.

En este momento se quedó en silencio y lloró con amargura por un tiempo. Cuando se calmó y se sintió algo más aliviada, hice entrar a su marido y quedamos para continuar con la siguiente sesión lo antes posible.

—¿Podemos continuar mañana?

—Trataré de arreglarlo.

Al día siguiente.

—Vamos a continuar donde lo dejamos —le dije.

Esta vez, sin ningún tipo de resistencia Marta se acomodó y cerró los ojos, conectando con la experiencia del nacimiento.

—Siento mucha rabia e injusticia. No paro de preguntarme ¿por qué? Es muy duro ver a mi hijo así. Cuando veo a los otros niños me siento muy

LIBERACIÓN DE LAS CRISIS EXISTENCIALES Y ESPIRITUALES

triste. Yo he sido una buena cristiana y buena parte de mi tiempo siempre lo he dedicado a colaborar en la iglesia y a ayudar a otros.

—Tienes tu derecho a enfadarte. Es preferible a que te lo quedes dentro. Pero has de soltar todos los sentimientos de víctima. Te tienen atrapada y te destruyen.

—Para soltar la injusticia que siento también tengo que cambiar algunas de las creencias que me enseñaron.

—No te aferres a nada, porque te vas a confundir más. Sencillamente, suelta todo lo que te tiene atrapada. Puedes admitir que la idea que tenías de Dios y de cómo él hace las cosas quizás no se ajuste a la realidad.

—Sí... Dejo ir la idea que tenía de Dios y de cómo él hace las cosas. Es como vaciar buena parte de mi vida...

—Sí, pero no te preocupes, ya volverás a reconstruirla. Suelta el sentimiento de injusticia.

—Sí, lo suelto... Si las cosas no son como yo pensaba, ya no hay injusticia. Tampoco tengo por qué sentir rabia.

Quedó un tiempo en silencio, seguramente ordenando las ideas en su mente.

—Estoy viendo a mi hijo y siento mucha ternura y amor por él. Sé que ahora no le voy a fallar. Ha cambiado todo.

—Antes solo te veías a ti misma y ahora le ves a él.

—Es cierto; me sentía estafada, indignada, frustrada y en conflicto con mis creencias y con todos los que me las habían inculcado, pero al dejarlas ir también se ha ido todo lo que me atormentaba. Antes pensaba que sabía muchas cosas, ahora me doy cuenta de que muchas de las cosas que creía saber son de otra manera, pero no me preocupa.

—Si me aceptas una sugerencia, podrías comenzar sintiéndote agradecida por las cosas positivas que hay en tu vida.

—Sí, soy consciente de que puedo darle gracias a Dios por muchas cosas en mi vida y poco a poco ya pondré en orden lo demás.

COMENTARIO. Sin duda la experiencia de estos padres fue traumática, más para Marta que había luchado tanto en todos los aspectos para poder acceder a la maternidad. Todas sus ilusiones y expectativas, su confianza en Dios, a quien le atribuía el embarazo como una respuesta a sus oraciones, su amor y bondad que tantas veces había proclamado, todo se vino abajo. Automáticamente quedó atrapada en un caos emocional ante la incoherencia entre su sistema de creencias y la realidad que vivía. Esta situación que la llevó al rechazo y a la amargura solo tenía dos salidas: por una parte, abandonar su sistema de creencias o reinterpretarlo; por la otra, salir de la amargura cambiando su actitud y viendo a su hijo en lugar de verse a sí misma. Aunque una parte de ella rechazaba sus creencias y mucho más el que alguien viniera a tratar de encajarle la realidad que vivía en sus creencias, otra parte de ella seguía aferrada a su fe, causándole el conflicto interno y la amargura. Dejando ir el sistema de creencias todo lo que se encuentra en conflicto con él también se diluye. A partir de aquí ella pudo comenzar a vivir su realidad de forma mucho más positiva y predisponerse a reconstruir un sistema de creencias más maduro.

Siempre que se produce una crisis existencial o espiritual se tambalea algún sistema de creencias, pero, sobre todo, esta experiencia pasará por una crisis emocional que debe tratarse como tal. Una vez que la persona pueda volver al estado de calma y serenidad, será capaz de reconstruir lo que se descompuso, pero no en pleno caos emocional. Repetidas veces hemos visto cómo se intenta hacer lo contrario y el resultado suele ser más desconcierto, prolongar el estado de crisis y quedar atrapados en una dinámica de argumentación y contra argumentación.

Desde la perspectiva de la salud psicofísica de la persona, el estado de calma y armonía interior es más importante que el sistema de creencias que la persona haya asumido. Todos hemos visto cómo en la evolución personal de cada cual sus creencias sobre las cosas trascendentes y no trascendentes van cambiando a lo largo del tiempo y de las experiencias; en el caso de que la persona lo viva con serenidad, no hay más problema. En cambio, si la persona sufre una crisis, la forma de salir más rápido de ella es liberando sus emociones y fuentes de conflicto.

LIBERACIÓN DE LAS CARGAS FAMILIARES

Los padres comieron uvas agrias, pero la boca de sus hijos se frunce por el sabor.
Refrán judío

Por el simple hecho de formar parte de una familia heredamos una serie de características físicas y anímicas. Los genes de los padres, de los abuelos y de los bisabuelos determinarán el que una persona sea baja, gruesa, con los pies planos, la nariz grande o los ojos oscuros. De la misma forma, podemos comprobar que los hijos recibirán de sus padres y ascendientes una serie de aspectos personales como el interés por un determinado tipo de música, el sentido de la puntualidad o la necesidad de tener las cosas ordenadas en el espacio donde habitan.

En este conjunto de herencias que conforman la manera de ser y de existir de cada persona pueden encontrarse incluidos estados de ánimo, de salud o comportamientos anómalos que no tienen una justificación en la propia experiencia. En la resolución de estos casos no suelen ayudar los buenos consejos ni la mayoría de los tratamientos convencionales, puesto que no es algo que la propia persona haya generado y deba corregirse, sino que su situación obedece a memorias heredadas de desórdenes existentes en generaciones anteriores de su sistema familiar.

Los problemas que las personas pueden sufrir por causas sistémicas (cuestiones familiares que lleva en su inconsciente) son incalculables. Los hechos y cuestiones que han podido ocurrir dentro del sistema familiar y han causado estos problemas también lo son[4]. Pero aunque esto sea así, en este capítulo solo pretendemos dar una técnica que será efectiva en muchos de estos casos, liberando a la persona de lo que condiciona su vida. Lo explicaremos a continuación y veremos tres ejemplos de casos resueltos.

Cómo resolver la herencia que nos condiciona

Tal como acabamos de decir, las memorias que heredamos de nuestros progenitores no siempre son positivas para nuestra vida, y muchas veces la condicionan. Como se encuentran en la zona de nuestra mente que es inconsciente, podemos pensar que forman parte de nosotros y que no podemos deshacernos de ellas de la misma manera que ocurre con el color de nuestros ojos. Por eso será necesario seguir los siguientes pasos:

- *Identificar las memorias que nos condicionan.* De lo contrario, sería muy difícil liberarnos de algo de lo que aún no somos conscientes. Este sería el proceso que comienza en el síntoma y saca a la luz la cadena de emociones y creencias que nos llevan a su causa. Al encontrarla necesitamos reconocer que no nos pertenece, que viene con nosotros como un parásito, pero nuestro ser interior lo lleva como una carga ajena.
- *Explorar nuestro sistema familiar* para descubrir a quién pertenecen los programas anómalos que hemos identificado. Padre, madre, abuelos paternos o maternos, sus experiencias, acciones desafortunadas, actitudes, forma de ser, enfermedades, accidentes trágicos, muertes prematuras, migraciones, rupturas familiares, etc. Una manera muy práctica de hacerlo es construyendo un genograma en el que se reflejará la historia familiar.
- Una vez localizada de dónde proviene nuestra memoria anómala,

---

[4]. *Víctima de víctimas*, David Solá (Tyndale House Publishers, 2014).

solo tenemos que *devolverla donde pertenece sin entrar en juicios ni descalificaciones*, honrando a cada ascendiente de nuestra familia, ya que una parte de él, por pequeña que sea, se encuentra en nosotros. Esta acción hay que realizarla en un estado mental adecuado: nuestra mente debe estar en un estado de evocación (la persona está muy relajada, con los ojos cerrados y totalmente conectada con lo que está haciendo), dirigiéndose al miembro de la familia al que hay que devolverle lo que le pertenece (todo lo que hagamos ocurrirá dentro de nuestra mente, no es nada esotérico) y expresar con respeto la voluntad de entregarle lo que es suyo.

- Una vez efectuada esta entrega, si se ha hecho adecuadamente, *experimentaremos una sensación de liberación y alivio significativo*. Es posible que sea necesario repetir el último paso más de una vez. Lo sabremos porque interiormente sentiremos la necesidad de volverlo a hacer. Hay que tener en cuenta que al hacer esta acción no nos traicionen falsos sentimientos como la pena o la culpa de perjudicar a alguien. Solo ponemos las cosas en orden.

El caos de la depresión

Muchas personas dicen que se encuentran deprimidas, pero pueden estar refiriéndose a un estado de ánimo bajo. Aunque la depresión es una enfermedad que puede presentar diferentes grados de severidad, hay una serie de signos y síntomas que son comunes y la diferencian de lo que en realidad no lo es.

La persona que sufre una depresión se encuentra inmersa en un verdadero caos. Es mucho más que estar triste, llorar sin parar o estar cansado. Además suelen tener problemas de insomnio, ansiedad, fatiga, pérdida de energía y les cuesta un gran esfuerzo hacer lo que antes hacían fácilmente. Es muy probable que su apetito disminuya notablemente y pierda peso. También tiene problemas de concentración, de memoria, un discurso de pensamiento negativo y pérdida del impulso sexual. Pierde el sentido por la vida y las ideas de muerte se hacen presentes, y muchas veces piensa en cómo llevarlas a cabo.

El caso de Carolina

Carolina es ingeniera industrial y tiene 34 años de edad. Desde los 17 años ha sufrido varios estados depresivos y este último al parecer es más resistente a desaparecer, aunque está tomando dos antidepresivos y un ansiolítico.

En principio no parece recordar ninguna experiencia traumática que le afecte y tenía supesto que la depresión es un mal crónico. Así y todo, busca ayuda porque una compañera de trabajo la ha animado a probar la terapia psicológica.

En la actualidad lleva varios meses de baja porque es incapaz de coordinar bien en su trabajo, y nos dice que en su mente hay una especie de caos que no le permite centrarse. Le cuesta un tremendo esfuerzo hacer cualquier cosa, duerme mal por la noche y dice que su vida no tiene sentido. Pasa los días en casa sin salir para evitar a sus amistades porque le agobian.

Después de liberar algunas experiencias que parecían haberle afectado, en la siguiente sesión decidimos explorar la participación de su sistema familiar en la depresión que sufría. Así que construimos el genograma y observamos que ella tenía el mismo nombre que una hermana de su madre que había muerto cuando tenía 17 años a causa de un accidente. Este fue un suceso muy triste para la familia y procuraban hablar lo menos posible de esta hermana para no remover el dolor. La intención de su madre al ponerle el mismo nombre de la hermana que murió fue el de honrarla sin tener ni idea de las consecuencias que podría sufrir su hija.

—Me dijiste que tus depresiones comenzaron cuando tenías 17 años.
—Sí.
—Y que la hermana de tu madre murió a los 17 años.
—Sí, nunca había pensado en esta coincidencia.
—Llevas su mismo nombre y tus depresiones comienzan a la misma edad que ella murió.
—Pero yo no la conocí.
—No es necesario que la hayas conocido para que exista una implicación. Existe una red de conexiones por donde se transmiten las memorias; por otra parte, cuando tu madre te puso su mismo nombre con la intención de honrarla, ya estableció una conexión directa entre tú y ella.

LIBERACIÓN DE LAS CARGAS FAMILIARES

—Entonces, ¿estoy unida a ella?

—Sería una manera de decirlo, pero además también te han asociado a todo el dolor que sufrieron en aquella trágica experiencia.

—O sea, que mis depresiones vienen de aquí.

—Muy probablemente.

—¿Y qué hacemos ahora?

—Vamos a tratar de desvincularte de este hecho.

—Pues estoy dispuesta.

—Cierra los ojos, respira profundamente y relájate.

Enseguida entró en un estado de evocación.

—Imagínate que presencias el duelo de la familia por la muerte de tu tía.

—Sí, no me cuesta imaginármelo. Es como si ya lo hubiera visto antes. Hay mucho sufrimiento.

—¿Cómo te sientes tú?

—Pues... no sé explicarlo.

—Sal de esta escena para ver la diferencia.

—No puedo, yo estoy ahí con ellos.

—¿Pero qué sientes?

—No lo sé. Estoy ahí, estoy en un duelo...

—Este no es tu duelo.

—Yo solo sé que estoy ahí y no puedo salir de la escena. Estoy al lado de mi tía y los demás están un poco más separados.

—Ahora le dirás algo a tu madre. Sígueme en lo que yo diga y lo vas repitiendo: «Me has puesto aquí, pero este no es mi lugar»...

Carolina iba repitiendo mis palabras, hablándole a su madre.

—«Ahora me doy cuenta de que como no aceptasteis la muerte de mi tía me habéis sustituido por ella». Dile a tu abuela: «Ella es tu hija y siempre lo será». Dile a tu madre: «Ella es tu hermana y siempre lo será». «Aunque se fue muy pronto, ella siempre formará parte de esta familia».

—Me gusta decir todo esto. Siento como si algo se fuera liberando dentro de mí.

—Seguimos: «Para mí ella no es indiferente, yo la reconozco como mi tía y honro su lugar en esta familia». «Ella y yo ocupamos lugares diferentes en esta familia, si no fuera así, no estaría completa». «Cuando me convertisteis en su sustituta, atentasteis contra su dignidad y la mía»... «Vuestra forma de retenerla es a través de mí, y esta es una carga que yo no puedo llevar, así que os devuelvo lo que es vuestro: vuestro duelo, vuestra resistencia a dejarla ir, la confusión que habéis creado y vuestra responsabilidad de lo que habéis hecho conmigo»...

—¡Uf! Esto es muy liberador... Algo se ha deshecho definitivamente dentro de mí.

COMENTARIO. El hecho de poner un determinado nombre a un hijo no tiene por qué crear ningún problema: es la intención con la que se pone el nombre. La intención sí tiene poder para crear una atadura o transferir una carga familiar de la misma forma que lo puede hacer la bendición o la maldición dentro de la familia. Carolina cargaba con la tristeza, el dolor, la frustración, la impotencia, la resistencia y la confusión que la familia le había transferido identificándola con su tía.

En esta sesión hicimos varias cosas: se *tomó conciencia de la relación que había entre el problema de Carolina y la muerte de su tía*; el hecho de que le pusieran su mismo nombre y ella comenzara con las depresiones a la misma edad que murió la tía eran dos signos muy reveladores. *Representó la escena en su mente* y descubrió que ella se encontraba atrapada igual que los demás en ese duelo. Seguidamente se siguió un *protocolo para ordenar lo que estaba desordenado,* en el que Carolina se desvinculó del hecho trágico y de la actuación de la familia respecto a este hecho. La depresión que sufría se resolvió casi de inmediato.

El caos de la frustración sexual

Por *trastorno sexual* se entiende cualquier impedimento, ya sea de orden físico, psicológico o social que inhiba o dificulte la realización y el disfrute de la actividad sexual. Dentro de este tipo de trastornos hay diferentes categorías:

Las *disfunciones sexuales* que se caracterizan por inhibiciones del deseo sexual o de los cambios psicofisiológicos que afectan al ciclo de la respuesta sexual. Por ejemplo: la eyaculación precoz o el vaginismo.

Las *parafilias* que se caracterizan por una activación sexual ante objetos o situaciones que no forman parte de las pautas habituales de los demás y que pueden interferir con la capacidad para una actividad sexual recíproca y afectiva. Por ejemplo: la pedofilia o el sadomasoquismo.

Los *trastornos de identidad sexual* que provocan en la persona un sentimiento de rechazo hacia sus caracteres anatómicos propios, sean masculinos o femeninos. Por ejemplo: el transexualismo.

Y, finalmente, el *trastorno sexual no especificado*. Aquí se incluyen todos aquellos trastornos que no corresponden a ninguna de las categorías anteriores. Por ejemplo: el malestar profundo y persistente en torno a la orientación sexual.

Cualquiera de los trastornos sexuales se suelen vivir mal, unos peores que otros. En buena medida dependerá del conflicto interior que genera, de la frustración personal, de los valores adquiridos o del contexto social en que se vive. Las personas con este tipo de problemas suelen tener dos tipos de sentimientos: la frustración de no poder responder como desearían y la impotencia por no ser capaces de resolver el objeto de su frustración. Estos sentimientos les llevan a minar la confianza en sí mismos, su autoestima se resiente, las expectativas de fracaso se interiorizan en el inconsciente y comienzan a experimentar la ansiedad anticipatoria que asegura el próximo fracaso.

Como factor añadido, las personas que se deciden a pedir ayuda tienen que superar una serie de prejuicios, sentimientos de pudor y vergüenza para poder compartir lo que hasta entonces muchas veces fue un secreto.

El caso de Guadalupe

Guadalupe era una mujer joven y llevaba dos años viviendo con Jaime. Su convivencia era muy buena en todos los aspectos menos en las relaciones sexuales. Ella nunca sintió el deseo de tener intimidad con su pareja. Cuando él tomaba la iniciativa ella siempre tenía alguna excusa a mano para eludirlo, y si ella era la que comenzaba insinuándose, al acercarse el momento de la penetración se ponía muy tensa y tenían que dejar la relación sin concluir. Podía pasar mucho tiempo entre intentos y en muy pocas ocasiones habían podido completar satisfactoriamente el acto sexual.

Aunque él era muy paciente, ella sufría por los dos sintiendo que le estaba condenando a una relación carente de pasión.

Guadalupe no se explicaba lo que le ocurría porque nunca había sufrido ninguna experiencia de abuso sexual. Tampoco en su familia este tema fue considerado tabú y nadie la mentalizó en contra del sexo.

Cuando le pedí que se imaginara teniendo relaciones sexuales con su pareja enseguida me dijo que se ponía tensa. Había dentro de ella algún programa que se activaba impidiéndole entregarse y disfrutar libremente del sexo.

Comenzamos a analizar hasta donde ella sabía el comportamiento de sus padres respecto al sexo. Su padre era una persona muy activa sexualmente, mientras que su madre lo era mucho menos. En principio este hecho no parecía tener ninguna repercusión en su problema.

Entonces quise experimentar un recurso para que las memorias de su mente se activaran y pudieran darnos algún tipo de información.

Le pedí a Guadalupe que cerrara los ojos y se relajara.

—Enfoca mentalmente a tu madre —le dije.

—Sí, ya está.

—Repite conmigo lo que te vaya diciendo: «Mamá, te devuelvo esta dificultad que tengo para disfrutar con libertad de mis relaciones sexuales».

Una vez que lo repitió, le pregunté qué sentía.

—Creo que sí que tiene que ver con ella, pues he sentido un poco de alivio.

—Prueba de devolvérselo ahora a la abuela materna.

—Me parece que no le pertenece, no siento nada ahí.

—Vamos a tratar de ubicarlo en la época que le corresponde.

—«Devuelvo esta represión que siento a tu etapa de casada»... Tampoco siento nada especial ahí.

—Prueba con la etapa de novios.

—Ahí sí siento más liberación.

—Sigue repitiendo lo que te vaya diciendo: «Yo no soy quién para juzgaros, pero en aquello que hicisteis que me afecta a mí os devuelvo vuestra responsabilidad. Algo ocurrió entre mi padre y tú que no quedó bien resuelto, y por eso os devuelvo lo que os pertenece. Yo tomaré la responsabilidad de lo que haga en mi vida». ¿Qué tal ahora?

—Mejor.

—Seguimos: «De la parte tuya que hay en mí, yo libero todas las memorias relacionadas con mi represión y te las devuelvo porque te pertenecen; pertenecen a tu dignidad y a tu experiencia, no a la mía. De todas formas, yo honro la parte tuya que está en mí».

—Mejor cada vez...

La próxima vez que nos vimos, sus relaciones sexuales eran muy satisfactorias.

COMENTARIO. Cuando posteriormente la hija se informó, la madre le compartió que la etapa de noviazgo fue muy difícil para ella, pues el padre la presionaba mucho para tener relaciones sexuales y la madre lo pasaba muy mal porque tenía pánico a quedar embarazada. Estas experiencias fuertes en la vida de los padres que tienen lugar antes de que sean engendrados los hijos suelen transmitirse en las memorias que estos heredan, y muchas veces condicionan la vida de los hijos.

En este caso la hija solo *tuvo que devolver a la madre lo que le pertenecía y liberarlo de la parte que heredó de ella*. Si esto se realiza desde un nivel de conciencia profundo, la hija se libera inmediatamente de las memorias que le condicionan.

El caos de la inversión de roles

En las relaciones entre padres e hijos muchas veces se dan situaciones anómalas, tales como la del padre o la madre que convierte a uno de los hijos en su figura de apego. De esta manera invierte la relación normal progenitor-hijo y este pasa a ser «la madre o padre de su propia madre o padre». Generalmente, este proceso es inconsciente por ambas partes y tiene lugar en forma parcial y con intensidad variable. Mientras en la superficie el padre puede aparecer como dominante o sobreprotector, inconscientemente puede apoyarse en el hijo para buscar su comprensión y apoyo al compartirle sus temores o las quejas que tiene de su cónyuge.

Estas situaciones suelen darse cuando la relación entre los padres no es buena, los padres se han divorciado o uno de ellos ha quedado viudo. El padre necesitado de apoyo intentará retener o mantener cerca al hijo sea de forma física o emocional. Entre los variados métodos para llevarlo a cabo, suelen estar los reproches, culpar o responsabilizar de maneras más o menos sutiles, el control y la intrusión.

En cuanto al hijo, indudablemente sufrirá las consecuencias, pues se crean dependencias fuertes. Es posible que sufra angustia ante la intimidad emocional en la que se sentirá atrapado al servicio de su progenitor. El estrés y los sentimientos encontrados de rabia y culpabilidad son típicos. En ocasiones también se hace presente algún grado de insomnio, contracturas, problemas musculares o fatiga. En el caso de que se aleje del padre, se sentirá culpable de haberle abandonado y mantendrá contacto diario por teléfono viviendo la situación como una carga pesada de llevar, pero que a su vez no podrá dejar de llevarla.

El caso de Estefanía

Estefanía había terminado su carrera de medicina en un país diferente al que vivían sus padres y se había quedado a trabajar en él. Vino a la consulta para tratar de ayudar a su pareja por unos problemas de inseguridad importantes que le creaban problemas en su trabajo. Ya cuando terminábamos observé que movía los hombros como estirándolos intentando tensar la espalda y le pregunté si se encontraba bien. Me dijo que desde hacía tiempo sufría dolores de espalda muy fuertes y todas las pruebas que se había hecho salían negativas. Como los dolores eran persistentes, alternaba tratamientos fisioterapéuticos con calmantes y relajantes.

Le insinué la posibilidad de que sus dolores tuvieran una causa emocional y quedamos para tratarlo en una próxima sesión.

—Deseo que te relajes y centres tu atención en el dolor de espalda y me des una valoración de cero a diez puntos —le pedí.

—Pues, ahora mismo diría que un ocho por lo menos.

—Metafóricamente, ¿cómo describirías tu dolor de espalda?

—Me da la sensación de que llevo una mochila llena de piedras.

—¿Quieres decir que sientes que llevas una carga muy pesada?

—Sí.

—Dime quién te carga en tu vida.

—Mi madre.

LIBERACIÓN DE LAS CARGAS FAMILIARES

—¿En qué te carga tu madre?

—Pues, desde que era adolescente mi madre se apoyó en mí porque en casa hubo muchos problemas. Aunque llevo varios años fuera de casa, cada día hablamos por teléfono y me cuenta todo lo que le pasa. Si un día no la llamo se molesta conmigo, dice que me necesita.

—¿Tienes más hermanos?

—Sí, pero yo soy la mayor.

—¿En qué te cargaba?

—Con los problemas que tenía con mi padre que le fue infiel. En casa también lo pasamos mal porque mi padre se metió en política y mi madre sufría mucho porque tenían amenazas, con los problemas de mis hermanos...

—¿Puedes ver todo lo que me has dicho como una gran carga que llevas a tu espalda?

—Sí, así es. No solo la veo, también la siento. Conforme lo iba diciendo sentía más tensión en la espalda.

—Ahora quiero que enfoques mentalmente a tu madre y le vayas diciendo lo que yo te diga a ti: «Mamá, hace años que me estás cargando con tus problemas y no puedo llevarlos más tiempo sobre mí. No son míos, son tuyos, y como son tuyos te los voy a devolver».

—Me siento cruel si lo hago. Me da mucha pena... no la quiero lastimar...

—Quiero que digas lo siguiente: «Prefiero quedarme con este dolor de espalda que devolverte lo que es tuyo».

—No, eso tampoco lo quiero.

—Bien, ¿tú puedes comprender que lo que tu madre te ha transmitido es esencialmente su propia interpretación y experiencia de los hechos que han ocurrido? Y eso tiene que ver con ella, no contigo. Para ti su experiencia solo es una carga que llevas sin posibilidad de transformarla, porque no es tu experiencia.

—Ah... ya entiendo. Cuando yo vivo algo puedo cambiar su significado, pero lo que ella me transmite solo puede cambiarlo ella y por eso se lo tengo que devolver.

—Sí, así es; y no le haces ningún mal devolviéndoselo. Solo te liberas tú. Ella es la que debe decidir si quiere seguir alimentando su victimización o no. Pero que lo haga para ella. Tú no le puedes solucionar nada.

—Ahora lo veo de otra forma. Hace muchos años que me comparte su vida y lo que yo le he dicho hasta aquí no le ha valido para nada.

—Exacto. Repite conmigo: «Mamá, te devuelvo lo que te pertenece; todas tus quejas de papá y de mis hermanos, tus críticas, tus explosiones de rabia, tus amenazas, tus estados depresivos, tus miedos, todo eso es cosa tuya y no mía, por eso te lo devuelvo. Yo ya no lo voy a llevar más».

—Sí, veo cómo se lo entrego... pero no lo quiere...

—Déjaselo a sus pies, es suyo.

—Sí, sí, ya lo hago. Se molesta conmigo.

—Eso también le pertenece a ella, no tiene que ver contigo.

—Ahora me viene a la mente que me chantajeaba y quería que le hiciera el boicot a mi padre. Eso también te lo devuelvo, mamá. Yo no tengo nada contra mi padre, eres tú la que está enojada con él, a mí siempre me ha tratado bien.

De esta manera, Estefanía fue liberando todo lo que iba viniendo a su mente hasta el final de la sesión, ya que después de una cosa le venía otra y otra.

—¿Cómo te sientes ahora? —le pregunté cuando pareció terminar de devolverle cosas a su madre.

—Parece mentira —dijo moviendo los hombros y el torso—, ha desaparecido totalmente el dolor. ¡Cómo no me di cuenta de esto antes!

COMENTARIO. La madre de Estefanía había utilizado a su hija para satisfacer sus carencias. En ningún caso la había visto a ella, solo se veía a sí misma. Estefanía había aprendido a realizar el rol que su madre le había impuesto, pero como suele ocurrir en estos casos, se vive como una pesada carga. Manipulaciones sentimentales y chantajes emocionales suelen ser los recursos más utilizados y, a su vez, el principal obstáculo para que la hija pudiera devolver a su madre la carga que llevaba y se liberara del servilismo que sufría. Fue necesario en primer lugar *establecer la relación entre el síntoma físico y la causa emocional*, seguidamente *cambiar algunas creencias* para poder *devolver a la madre lo que le pertenecía*. Una vez realizada la entrega, Estefanía se había desvinculado totalmente de la atadura que tenía con su madre y el síntoma desapareció.

Tal como hemos dicho al principio, sería difícil enumerar la enorme cantidad de cuestiones que ocurren en los sistemas familiares y que tienen trascendencia a los descendientes. Unas son más fáciles de tratar a nivel individual, porque se puede llegar a tomar conciencia de ellas; otras son más difíciles porque han ocurrido en generaciones anteriores y se necesita usar la Terapia Sistémica Transgeneracional para identificarlas y resolverlas de forma rápida y segura. Pero aun siendo así, el lector cuenta con una idea de cómo tratar este tipo de problemas dentro de la línea que sigue este libro.

Se trata de liberar lo que no nos pertenece y devolverlo a quien le corresponda. Por supuesto, primero es necesario identificarlo y descubrir a quién le pertenece para que el acto de devolución sea efectivo. Si devolviéramos algo a alguien a quien no le pertenece, comprobaríamos que no se libera. Así también nos da la tranquilidad de que no le vamos a endosar a nadie nada que no sea suyo.

TRABAJAR EL SÍNTOMA Y LA ENFERMEDAD

El corazón alegre es una buena medicina, pero el espíritu quebrantado consume las fuerzas.
Salomón (Rey de Israel)

EN GENERAL, nuestro cuerpo es el reflejo de lo que sucede en el interior de nuestro ser. Cuando en nuestro ser hay bloqueos emocionales causados por resistencias inconscientes, estas también se proyectan sobre determinadas áreas de nuestro cuerpo que tienen algún tipo de correspondencia funcional o significativa. Al hacerlo, la energía orgánica deja de fluir de forma natural produciéndose anomalías. Actualmente hay en el mercado diferentes libros tipo guía que recogen la correspondencia que existe entre las enfermedades físicas y sus causas anímicas o emocionales. Si comparamos los diferentes tratados realizados por investigadores independientes, podemos encontrar una gran similitud entre las conclusiones a las que unos y otros han llegado.

Por ejemplo, los problemas que se manifiestan en la piel, que es el órgano más externo de nuestro cuerpo, suelen estar asociados a problemas de relación con los demás, o la bronquitis nos indicará que la persona está reprimiendo ira generada en el ámbito familiar. Estas reacciones del organismo generalmente conllevan un mensaje claro sobre lo que está ocurriendo en nuestro sistema de pensamiento y emociones. Carl Jung decía: «Del mismo modo que el consciente y el inconsciente están en relación constante, el cuerpo y el espíritu están en interacción continua».

Tratar de eliminar el síntoma físico sin ocuparse de comprender y resolver la causa anímica que lo ha provocado sería similar a querer apagar la lucecita roja que se ha encendido en el tablero del automóvil sin actuar sobre el problema que está indicando. Si se resuelve el problema, la luz suele apagarse por sí sola, de lo contrario el problema puede agravarse.

La mejor actitud ante un síntoma o una enfermedad es tomar su *mensaje* como un regalo para ayudarnos a equilibrar nuestro ser. De hecho, nuestro cuerpo no suele ser la causa de las enfermedades; él siempre tiende a restablecer la armonía y el buen funcionamiento de todos sus componentes. Son los pensamientos, las emociones y las memorias anómalas las que se proyectan sobre el cuerpo y crean las tensiones, los desequilibrios, los bloqueos de energía, la debilitación del sistema de defensas o las enfermedades autoinmunes.

Necesitamos, partiendo de la interpretación funcional del síntoma, descubrir la dinámica anímica que causa las manifestaciones físicas en nuestro cuerpo para restaurar su funcionamiento natural.

El caos de la contaminación

Estamos inmersos en un universo repleto de sentimientos negativos y, sin darnos cuenta, lanzamos indiscriminadamente partículas emocionales tóxicas hacia el exterior. Las actitudes densas, pesimistas y materialistas son un veneno y un obstáculo para la evolución positiva del ser humano. La ley de acción y reacción muestra que todo ese patrón vibratorio negativo creado retorna a nosotros mismos y entonces el ciclo tiende a continuar y a aumentar cada vez más, puesto que el patrón negativo estimula a las personas a que se vuelvan cada vez más negativas y menos conscientes de la necesidad de salir de ese ciclo repetitivo de sentimientos nocivos.

Hay personas con una «habilidad» especial para contaminar las relaciones, tales como los celosos, los paranoicos, los inmaduros, los egoístas y, en definitiva, todas aquellas que se les puede calificar de *personalidades tóxicas*. Todos coinciden en que no aportan nada positivo a una relación, ya sea sentimental, de amistad, laboral, o incluso familiar. Más bien destruyen cualquier intento de crear vínculos sanos y mínimamente cordiales. Suelen traer consigo los enredos y las quejas, todo les molesta, terminan por absorber psíquicamente a los que con ellas se relacionan y les roban la energía.

Aunque no es fácil identificarlas al principio, con el tiempo se comprueba que después de estar con ellas siempre se repiten las mismas sensaciones negativas: agotamiento, frustración, estrés o el alivio por perderlas de vista.

El caso de Leo

Leo pertenece a una familia muy tóxica. Sus padres siempre reñían, lo hacían entre ellos y también con sus hijos. Los hijos, por su parte, no se quedaban atrás y se fastidiaban entre sí todo lo que podían. Las quejas, las desvalorizaciones, las acusaciones, las críticas y demás expresiones contaminantes habían formado parte de la nutrición psicológica diaria. Leo había aprendido a reprimir las emociones que le producía aquella constante instigación negativa y, aunque muchas veces no era directa contra él, no podía dejar de escucharla reaccionando internamente de la misma manera. Desde los 9 años había sufrido erupciones cutáneas que le resultaban muy molestas, y ahora con 23 años sufría una dermatitis que no le dejaba vivir, sobre todo por las noches, cuando era mucho más sensible a la picazón y no podía dejar de rascarse.

Leo había probado varios tratamientos para la dermatitis y solo habían tenido un efecto temporal. Alguien le sugirió que su problema podía tener alguna relación con cuestiones emocionales y por eso acudió a la consulta.

—¿Qué es lo que más te irrita cuando estás en casa? —le pregunté.

—Me irritan los gritos, las discusiones sin sentido... Parece que resuenan en mi cabeza una y otra vez; a veces estoy fuera de casa y me da la sensación de que las sigo oyendo. Últimamente me he hecho muy sensible a las discusiones, y aunque yo trato de no discutir nunca, cuando alguien lo hace cerca de mí, algo se trastorna en mi cabeza y me es imposible pensar.

—Céntrate en el momento en que escuchas una discusión y dime qué sientes.
—Me pongo muy tenso. Es como si todo mi cuerpo se apretara.
—Acéptalo y siéntelo tal como es.
—Quiero irme y encerrarme en un lugar donde no escuche a nadie.
—Bien, pero dime qué sientes.
—Tensión y que algo dentro de mí va a explotar.
—Repite conmigo: «Acepto que siento mucha tensión y tengo miedo a perder el control».
—Es como una presa de agua que va a reventar.
—No trates de contener nada, solo siente y observa.
—Parece que se va aliviando la tensión, pero no del todo.
—Cuando te tensas es que te estás resistiendo a algo. Dime, ¿a qué te resistes en casa?
—No lo sé... no puedo soportar que se enfaden.
—¿Por qué?
—Recuerdo que siempre he sido muy sensible, sobre todo cuando la gente se enfada. Me sobrecojo y me asusto; a veces lloraba y no sabía exactamente por qué. En la escuela, cuando el maestro me reñía también terminaba llorando y todos se reían de mí y me decían que era una niña.
—¿Te han hecho creer que si lloras eres una niña, y te sientes humillado cuando te lo dicen?
—Sí.
—¿Tienes ganas de llorar ahora?
—Muchas.
—¿Y por qué no lo haces? ¿Quieres dejar ir la idea de que llorar es de niñas?
—Sí, la dejo ir.

En este momento comenzó a llorar descontroladamente como un niño pequeño durante algunos minutos.

—¿Te resistías a no llorar para que no te humillaran?
—Sí, esto es lo que he estado haciendo, y ahora me doy cuenta de que cuando se enfadan me pongo tenso porque de esta manera no lloro... Y tengo ganas de desaparecer porque siento mucha presión.

—Muy bien, expresa la siguiente afirmación: «Me permito llorar porque es mi derecho».

—Esto es liberador.

COMENTARIO. Esta fue una de las secuencias terapéuticas que tuvimos en el proceso de la eliminación de la dermatitis. En este caso también nos servimos de la *autorreflexión,* de la *liberación de emociones reprimidas* y del *cambio de creencias.* Se comprobó con claridad que el miedo y las resistencias se encontraban en la base de su problema, y al no permitirse expresar sus sentimientos para no sufrir una posible humillación la energía reprimida se proyectó sobre su cuerpo generando una dermatitis.

El caos del rencor y del odio

Normalmente el rencor se genera cuando la persona se ha sentido ofendida, humillada, dañada o ridiculizada. Su característica principal es la rabia por el daño sufrido que no se expresó o lo hizo solo en parte. Las emociones quedaron estancadas permaneciendo en silencio y repercutiendo en posteriores acciones y actitudes negativas.

El resentimiento relacionado con el odio o el rencor suele ser de arraigo muy profundo, y desequilibra la mente y el cuerpo de la persona que lo alimenta. Le roba la paz y la capacidad de disfrutar de las demás cosas de la vida. Afecta la salud, especialmente el sistema inmune, el hígado y el corazón. Numerosas investigaciones han encontrado relación entre algunos tipos de cáncer y odios profundos no perdonados.

El odio suele tener una función de autoprotección de la dignidad, de defensa del ego. Es la válvula de escape del resentimiento o la respuesta a una injusticia notable o reiterada. Pero es interesante notar la paradoja del odio que consiste en que las personas que odian se resisten a soltarlo porque tienen la idea de que así están devolviendo el daño recibido; sin embargo, no se dan cuenta de que a quien realmente están dañando es a sí mismas.

Por otra parte, las personas también pueden odiarse a sí mismas. Esto ocurre cuando han sufrido profundamente en su autoestima, sea por diferentes tipos de agresiones morales que les han desarrollado el autodesprecio o por un fuerte rechazo hacia su aspecto físico.

De la misma forma en que se odia a una persona puede odiarse una idea o una deidad. Por ejemplo, muchos revelan odio hacia Dios por haberlos privado de sus seres queridos o a un partido político por hacerlo responsable de arruinar un país.

El caso de Verónica

Verónica había sufrido abusos sexuales de un vecino cuando era pequeña. Su madre no solo no le creyó, sino que además la reprendió y castigó duramente por temor a que creara conflictos. A partir de entonces no la dejó ir a casa de ninguna amiga argumentando que en casa no se buscaría problemas con nadie. Por supuesto, le dolió mucho más lo que le hizo su madre que el vecino y, a partir de entonces, sin ser consciente, fue desarrollando un rencor muy intenso hacia su madre. Este rencor lo proyectaba en cualquier momento disparando una furia desproporcionada hacia cualquier persona por la que se sentía injustamente tratada.

Sobre los 31 años, Verónica desarrolló un mioma uterino y tuvo que someterse a tratamiento. El mismo especialista le indicó que debía recibir ayuda psicológica paralelamente al tratamiento médico.

—Háblame de tu experiencia de abusos sexuales —le pedí.

—Prefiero no tocar este tema porque me altero y ahora no me conviene —me respondió Verónica.

—Comprendo que fue una experiencia demasiado fuerte para ti.

—Usted no tiene ni idea.

—También me imagino que te sentiste muy sola.

—Mucho más de lo que puede imaginarse.

—Al parecer, tu madre tuvo miedo de enfrentar la situación.

—Sí, y prefirió descargar sus emociones sobre mí antes que hacerlo sobre el que me hizo mucho daño. Esto fue muy fuerte para mí; me llevé la decepción de mi vida con mi madre, y encima me castigó. Siento mucho odio por ella.

—Permítete sentirlo.

—Me pongo muy tensa. Si la tuviera ahora delante, la insultaría y le pegaría.

—Date permiso para sentir eso también.

En este momento Verónica rompió a llorar y lo estuvo haciendo sin control por unos minutos; después se llevó sus manos al vientre como para calmar el dolor que comenzó a sentir y una vez que se hubo desahogado continuó.

—Siento mucho dolor en el vientre...

—Ahí es donde has proyectado tus emociones.

—Siento mucha injusticia...

—¿Qué significa para ti la sexualidad?

—Pues... no me gusta. La siento asquerosa, trae problemas. Es buena para los hombres pero no para las mujeres.

—Entonces es posible que tus órganos de reproducción reciban un mensaje negativo.

—No lo había pensado.

—Necesitamos liberar el resentimiento y las ideas negativas que tienes hacia la sexualidad y los hombres.

—No sé si podré, es mucho tiempo...

—Vamos a intentarlo.

A partir de ahí estuvimos durante tres sesiones liberando todas las emociones e ideas negativas que tenía en su mente respecto a la sexualidad y a los hombres. Muchas de ellas venían de sus padres.

—El siguiente paso —le dije— es construir un nuevo sistema de creencias respecto a ti y a tu relación con los hombres.

—Sí, estoy dispuesta.

—Trabajaremos con afirmaciones positivas para que tu mente las asimile y puedas disfrutar de una nueva forma de pensar y sentir respecto a esta área de tu vida. Repite conmigo: «Merezco ser tratada con respeto y amor», y seguidamente escucha la respuesta de tu mente.

—Nunca ha sido así.

—Repítelo.

—En el fondo es lo que más deseo...

—Repítelo.

—Es posible que, ahora que ya no siento rechazo hacia ellos, me traten de otra forma.

—Repítelo.
—Sí, siento que a partir de ahora va a ser de otra forma.
—Por último, hemos de sanar tu útero.
—¿Cómo lo hago?
—Imagínate que tu útero tiene alma y ha sufrido con tu forma antigua de pensar. Imagina también que tu conciencia puede viajar hasta el útero y puede dialogar con él.
—Sí, creo que no me será difícil.
—Dime qué ves.
—Me imagino que estoy dentro del útero. Veo el tumor y siento mucha tristeza.
—¿Qué se te ocurre que podrías hacer para resolver esto?
—No sé.
—Te voy a sugerir algo. En el útero sientes tristeza porque a causa de tu forma de pensar antigua lo habías inutilizado. Necesita que lo reconozcas y le expreses mucho amor. Por otra parte, puedes imaginarte que este amor que le vas a proyectar es como una luz blanca que envuelve el tumor y lo va disolviendo. Tu imaginación y creatividad pueden enriquecer este ejercicio con infinidad de detalles.

Verónica se aplicó a hacer este trabajo diariamente y al cabo de un tiempo me informó de que las pruebas salían negativas.

COMENTARIO. Los sentimientos y creencias que Verónica había reprimido y desarrollado respecto a la sexualidad y a la condición de los hombres llevaban implícito un rechazo hacia su sistema reproductivo. El mioma no era otra cosa que la manifestación física de su forma de pensar y sentir. Para que el mioma desapareciera y no volviera a reproducirse era necesario *cambiar sus sentimientos y pensamientos* tanto conscientes como inconscientes. Para conseguirlo comenzamos *sanando sus experiencias* que tanto le dañaron, continuamos con el *cambio en su sistema de creencias* y terminamos *proyectando amor* donde se había producido el daño físico.

Por lo general la curación se produce cuando la persona se perdona y, al hacerlo, el amor fluye hacia sí misma y regenera el organismo sanando el mal que se produjo.

Es difícil tomar conciencia de esto cuando nos encontramos bajo la influencia de emociones reprimidas y de creencias negativas. La realimentación que unas y otras establecen en nuestro interior no nos permite ver más allá.

Existen infinidad de síntomas y dolencias físicas, pero detrás de todas ellas siempre encontraremos emociones y pensamientos que desequilibran la paz y la armonía de nuestro ser.

Sanar la enfermedad auténticamente pasa primero por sanar la persona. Eso significa considerar a la enfermedad o al síntoma como una consecuencia física de un desajuste anímico. La curación médica de una enfermedad viene necesariamente de afuera. La sanación de la persona siempre viene de adentro y se manifiesta hacia afuera.

Es cierto que al hablar de enfermedad estamos considerando una manifestación compleja, pues está compuesta por muchas variables. Por ejemplo, dos personas no reaccionan de la misma manera en la misma situación. No tienen el mismo temperamento, ni la misma experiencia de vida, ni las mismas memorias heredadas, ni el suceso significa lo mismo para cada una de ellas. Y sobre todo, la actitud que asume la persona con la situación que le provoca la enfermedad.

Al comenzar un proceso de sanación es cuando aparece el sentido espiritual de la enfermedad y se puede acceder a la comprensión de su origen para resolver todo aquello anómalo e inconsciente que se encontraba presente en la persona. Por esta razón es imprescindible que la persona tome su responsabilidad respecto a la enfermedad, cambiando la actitud de rechazo sobre ella por la de aceptación y, entonces, poder avanzar y completar el proceso de sanación.

CÓMO TRABAJAR EN LA PROPIA LIBERACIÓN

El que puede cambiar sus pensamientos puede cambiar su destino.
Stephen Crane (Escritor)

NO SIEMPRE ES NECESARIO RECIBIR AYUDA para liberar nuestras emociones negativas y cambiar nuestras creencias limitantes. Muchas veces lo podemos hacer por nosotros mismos. De hecho, siempre deberíamos estar en proceso de «actualización», trabajando de manera habitual en guardar el equilibrio y armonía de nuestra mente. Nuestra realidad suele ser cambiante y la vida muchas veces no cumple nuestras expectativas ni en las circunstancias que vivimos ni en las personas con las que nos relacionamos. Este hecho por sí mismo puede ser el desencadenante de desajustes que, tratados a tiempo, nos ayudarán a crecer y madurar personalmente, mientras que si negamos nuestras emociones evitamos las situaciones que nos incomodan o desarrollamos cualquier mecanismo de defensa para paliar las circunstancias que nos desafían, podemos terminar siendo víctimas de nosotros mismos.

En este capítulo deseamos exponer dos técnicas con sencilla metodología para que cualquier persona pueda ayudarse a sí misma a ir regenerando y sanando infinidad de memorias que condicionan nuestras vidas restándonos lucidez, seguridad, autocontrol, capacidad de comunicación y, en definitiva, aquellos valores que están latentes en nosotros y no pueden aflorar a causa de las capas de inconsciencia que se han ido interponiendo entre lo que somos y lo que manifestamos ser.

La estructura mental

Si hiciéramos un esquema sencillo de la estructura de nuestra mente, encontraríamos que en su base existen una serie de memorias de diferentes tipos: creencias, pensamientos, sentimientos, sensaciones, imágenes, experiencias y un largo etcétera que se encuentra en nuestro espacio inconsciente. Estas memorias determinan nuestra forma particular de percibir lo que ocurre en nuestra vida, de interpretarlo y darle significado; por lo tanto, generan sentimientos y emociones que nos impulsan a actuar de una determinada manera.

Seguidamente podemos comprobar, aunque no siempre lo aceptamos así, cómo nuestro entorno responde reaccionando a nuestro comportamiento. En cambio, lo responsabilizamos de nuestros problemas. Esta suele ser una forma muy común de quedar atrapados en situaciones de las que se nos hace muy difícil salir o, en su caso, involuntariamente volver crónicos los problemas que tenemos en nuestras relaciones.

Uno de los fenómenos típicos es el de la «profecía autocumplida». El sociólogo Robert K. Merton lo describía así: «La profecía que se autocumple es al principio, una definición "falsa" de la situación que despierta un nuevo comportamiento y hace que la falsa concepción original de la situación se vuelva "verdadera"».

La cuestión es que las personas reaccionan a las situaciones según cómo las perciben y qué significado les dan, y esto es lo que va a determinar su comportamiento. Una vez que una persona cree que una situación tiene un cierto significado, independientemente de que lo tenga, adecuará su conducta a esa percepción.

Por ejemplo, si un estudiante experimenta ansiedad ante un examen porque cree que va a fracasar, esta ansiedad le impedirá prepararse adecuadamente, y como consecuencia aumenta la probabilidad de suspenderlo.

Entonces, la clave desde donde podemos controlar nuestras emociones y comportamientos la tenemos en los pensamientos y creencias originales que se encuentran en nuestro espacio inconsciente (la sombra), los cuales podemos identificar a través de nuestras emociones, sentimientos y estados de ánimo.

A continuación, y siguiendo esta idea, exponemos un método sencillo y eficaz de reprogramar nuestra mente en todos aquellos pensamientos, memorias y creencias que no estén enredadas en raíces más complejas con otras memorias propias o heredadas que pudieran limitar el éxito de un trabajo personal.

La confrontación sistemática

Así pues, tal como acabamos de decir, muchos de nuestros pensamientos y creencias que condicionan innecesariamente nuestra vida pueden ser cambiados de una forma muy sencilla. Basta con confrontarlos con una afirmación de manera continuada hasta que cedan su lugar a la nueva idea que deseamos que forme parte de nuestra programación mental o sistema de creencias.

Siempre que observemos en nosotros cualquiera de las manifestaciones de comportamientos o experiencias descritas en el capítulo titulado «Qué necesitamos liberar y cómo descubrirlo», tenemos una oportunidad de poner en práctica el método de la *confrontación sistemática*.

Los pasos serían los siguientes:

- *Tomar conciencia de aquello que necesito cambiar.* Por ejemplo, observo que cuando veo o pienso en determinada persona me siento inquieto.

- *Construir una afirmación positiva en tiempo presente (o presente continuo) de lo que debería ser realidad en mí y no lo es.* Por ejemplo, «Cuando veo a X me alegro y me siento tranquilo».

- *Escribir esta frase una sola vez en el cuaderno de trabajo personal,* que es la que se utilizará de referencia para la confrontación.

- *A continuación decir la afirmación en voz audible mientras se inspira profundamente y observar la reacción de la mente cuando se exhala.* Por ejemplo, la mente dice: «Esto es mentira», o «Me gustaría que fuera así».

- *Escribir la reacción de la mente debajo de la afirmación.* Es necesario aceptar la reacción de la mente tal cual, sea la que sea, sin juzgarla ni reprimirla. Es la forma que tenemos de poder darle salida y permitir que la nueva idea se vaya instalando.
- *Volver a repetir la afirmación en voz audible mientras se inspira profundamente y observar la reacción de la mente cuando se exhala.*
- *Volver a escribir la nueva reacción de la mente.*

Así se continuará sucesivamente, y se comprobará cómo las reacciones de la mente van cambiando en una evolución en la que se van alineando con la afirmación positiva. Finalmente, al decir la afirmación positiva se experimenta un asentimiento interior que indica que esta nueva idea ha sido asimilada por el inconsciente y la antigua ha desaparecido.

El caso de Raúl

Raúl asistió a uno de mis seminarios. En el momento de las prácticas él reconocía que tenía algún tipo de problema con las mujeres; no se llevaba bien con su madre ni con su hermana mayor. Por otra parte, había intentado comenzar algunas relaciones de pareja pero al poco tiempo se agobiaba y necesitaba distanciarse. Raúl no recordaba que le hubieran hecho algún mal que justificara lo que le ocurría y esto le preocupaba más porque no sabía contra qué tenía que luchar.

Le sugerimos que podía trabajar con la confrontación sistemática y comenzó a hacerlo con una afirmación que expresaba lo contrario de lo que él experimentaba.

La secuencia fue de la siguiente forma:
Las mujeres siempre liberan todo mi potencial.
Qué risa.
Las mujeres siempre liberan todo mi potencial.
Me agobian.
Las mujeres siempre liberan todo mi potencial.
Siempre acabo teniendo problemas.
Las mujeres siempre liberan todo mi potencial.

CÓMO TRABAJAR EN LA PROPIA LIBERACIÓN

Muchas veces no aguanto a mi madre.
Las mujeres siempre liberan todo mi potencial.
Mi madre me agobia.
Las mujeres siempre liberan todo mi potencial.
Mi madre y mi hermana son iguales.
Las mujeres siempre liberan todo mi potencial.
No me fío de ellas.
Las mujeres siempre liberan todo mi potencial.
Siento un nudo en la garganta.
Las mujeres siempre liberan todo mi potencial.
No puedo decir lo que siento.
Las mujeres siempre liberan todo mi potencial.
Siempre quieren tener razón.
Las mujeres siempre liberan todo mi potencial.
Siento confusión.
Las mujeres siempre liberan todo mi potencial.
Me gustaría creérmelo.
Las mujeres siempre liberan todo mi potencial.
No estoy muy seguro.
Las mujeres siempre liberan todo mi potencial.
Quizás encuentre alguna que sí lo haga.
Las mujeres siempre liberan todo mi potencial.
Es posible.

Raúl siguió trabajando con diferentes frases a lo largo de algunas semanas y cuando volvimos a vernos nos dijo: «No tenía ni idea de todo lo que había dentro de mi mente en contra de las mujeres. Ahora las veo de forma diferente y he comenzado una nueva relación en la que me siento muy a gusto. Creo que soy otra persona».

Sugerencias para el trabajo personal

- Trabaja con una o más afirmaciones que tengan sentido para ti cada día.

- Es normal que tengas que repetir una afirmación de 10 a 20 veces.
- Si te atascas en una afirmación y tu mente siempre da la misma respuesta de rechazo después de varias repeticiones, déjala.
- Trata de construir una nueva afirmación enfocada a conseguir el mismo fin y prueba con ella.
- Es posible que una nueva idea debas trabajarla en diferentes ocasiones hasta que sea totalmente asimilada.
- Las reacciones de tu mente que escribes en tu cuaderno te guiarán a construir nuevas afirmaciones que necesitas asimilar.

Con la ayuda de este método podrás conocerte y comprender muchos de tus comportamientos y sentimientos, y además cambiarlos por otros más positivos para ti.

El método del enfoque

Cuando sientas que una situación te ha afectado o tengas un recuerdo que te molesta, puedes usar el método del enfoque. Este método te lleva a centrar tu atención en el hecho ocurrido para trabajar en las emociones que se han generado en ti y eliminarlas.

Siempre que nos ocurre un suceso desagradable, se instala en nuestra mente y acapara nuestra atención; quedamos atrapados en él por horas o días sin poder quitárnoslo de la cabeza. Pero, en este caso, no tengas temor, lo enfocamos voluntariamente para tomar el control y trabajar positivamente desde esta posición.

Los pasos que hay que seguir son los siguientes:

- Selecciona el hecho con el que quieres trabajar.
- Enfócalo mentalmente como si volvieras a revivirlo.
- Divide tu cuaderno de trabajo en dos columnas y ve describiendo el suceso con frases cortas.
- En la columna de la derecha ve anotando las emociones que sentiste cuando ocurrió el suceso o las que sientas al revivirlo.
- Junto con las emociones, también anota tus juicios, interpretaciones

- y demás cuestiones subjetivas que forman parte de todo el conjunto de pensamientos y sentimientos que te hacen sentir mal.
- Como resultado, debe quedar en la columna de la izquierda todo lo objetivo y en la columna de la derecha todo lo subjetivo.
- Una vez que hayas terminado con la descripción y las anotaciones, debes volver al principio, repasando secuencia por secuencia y experimentando de nuevo las emociones y valorando los juicios que has hecho.
- Pregúntate por la utilidad de las emociones.
- Si dejan de tener sentido, suéltalas.
- Respira profundamente y experimenta cómo salen de ti.
- Cuando hayas hecho varias repeticiones comprobarás que las emociones han perdido su intensidad y algunos de los juicios tampoco tienen sentido. Entonces es el momento de tratar de valorarlo desde otra perspectiva menos personalizada.
- El mismo suceso puede tomar otro significado muy diferente y nosotros podemos quedar totalmente libres de su influencia.
- En ocasiones se encuentra que las emociones que provoca una experiencia se asocian con las de otra anterior, y lo que ocurre es que al intentar liberar la emoción actual comprobamos que se resiste a desaparecer. Muy posiblemente nuestra mente nos dé la experiencia asociada si se lo preguntamos, y entonces deberíamos trabajar con ella para que puedan liberarse las dos.

El caso de Marta

Marta sufrió un impacto emocional traumático cuando a los dos años de casada sorprendió en su propia casa a su marido en plena relación sexual con una de sus «amigas». A partir de entonces, aunque se divorciaron, ella siguió alimentando su resentimiento de tal forma que desde entonces no pudo volver a disfrutar de nada más. Al cabo de ocho años asistió a uno de los seminarios que impartía sobre la sanación interior; Marta era una mujer llena de amargura, de rencor y había caído en una victimización que la tenía atrapada y condicionaba totalmente su vida. En la segunda parte del temario, cuando estábamos hablando del perdón, ella levantó su mano y dijo de una forma muy radical que había cosas que no podían ser perdonadas nunca.

Le dije que sería muy interesante trabajar su caso en el espacio de prácticas y continuamos con la exposición.

Cuando Marta comenzó a exponer su caso en la columna izquierda era incapaz de separar los hechos de sus juicios, pero poco a poco fue consiguiéndolo y a continuación veremos una parte de su desarrollo.

Aquella tarde debía hacer unas gestiones en otra ciudad cercana a la que vivía, por tanto, no volvería a casa hasta la noche.	No me apetecía, pero me esforcé a hacerlo.
Por el camino recibí un aviso en mi teléfono móvil: a causa de un imprevisto, la persona que debía ver no podría recibirme.	Me disgustó. Luego agradecí que me hubieran avisado.
Volví a casa para aprovechar el tiempo.	Resignación.
Al llegar a casa, me encontré que la puerta solo estaba cerrada con el picaporte, pero no con el pestillo.	Extrañeza.
A aquella hora no debía haber nadie en casa.	Pensé en varias posibilidades.
Escuché ruidos y gemidos en el dormitorio y fui a ver.	Miedo. Curiosidad.
Llegué al dormitorio y mi marido estaba en la cama con una de mis amigas haciendo el amor.	Me quedé sin habla. Me sentí traicionada y humillada.
Comencé a gritar y a insultarles sin ningún control.	Sentí mucha ira. Mucha violencia.
No sé por qué, salí corriendo de la casa y estuve deambulando por las calles varias horas.	No podía seguir viendo aquello. No podía pensar con claridad.
Cuando llegué a casa por la noche, mi marido estaba allí y quería pedirme perdón y darme explicaciones, pero no quise oír nada y le hice salir de casa.	Mucho odio. Deseaba castigarlo.

Luego le pedí que fuera de nuevo al principio y que volviera paso por paso a experimentar las emociones y los juicios que había escrito.

A medida que lo fue haciendo, las emociones fueron evolucionando de forma que añadía nuevas y tachaba otras que ya no sentía. También se preguntaba cada vez que experimentaba una emoción si le era útil para algo, y ella misma se daba cuenta de que eran cargas inútiles. Por tanto, cuando expresaba la intención de dejarlas ir, desaparecían.

Más tarde, en las siguientes semanas Marta fue trabajando el resentimiento que había acumulado contra su marido y su amiga, no solo de aquella experiencia, sino también de los desencuentros que se sucedieron posteriormente.

Pasados unos 5 meses, Marta me escribió y me dijo: «Soy una persona muy diferente a la que usted conoció en el seminario. Por fin tomé la responsabilidad de mis sentimientos y me di cuenta de lo absurdo de seguir cargando con ellos. En estos momentos puedo pensar en todo lo que pasó y me siento tranquila. Es cierto que aún tengo una sombra de tristeza porque yo amaba a mi marido y era feliz con él, pero siento que los he perdonado».

Tanto el método de la *confrontación sistemática* como el del *enfoque* son dos técnicas de liberación y de cambio personal que han ayudado a muchísimas personas y lo siguen haciendo. Las dos estrategias se complementan cubriendo una amplia gama de anomalías que pueden ser tratadas y resueltas, aumentando su efectividad cuando las combinamos en la resolución de un mismo problema.

La práctica nos ayudará a tomar experiencia y sacarle el máximo provecho a estos instrumentos. No necesitamos contar con unas condiciones especiales para poder trabajar con ellos. Su aplicación es muy sencilla y podemos beneficiarnos en cualquier momento del día, después de un incidente desagradable, al hacernos conscientes de un recuerdo negativo, cuando nos sentimos bajos de ánimo, para conseguir potenciar un buen hábito o para cambiar pensamientos y creencias limitantes. Estando en el sofá de casa, yendo de viaje o en un tiempo de recogimiento, podemos ocuparnos en nuestro crecimiento personal.

SEGUIR EN LA PAZ INTERIOR

Señor, concédeme serenidad para aceptar todo aquello que no puedo cambiar, fortaleza para cambiar lo que soy capaz de cambiar y sabiduría para apreciar la diferencia.
Reinhold Niebuhr (Teólogo)

SI YA HAS ALCANZADO la paz interior o te encuentras en el proceso de hacerlo, lo que leerás a continuación puede ayudarte mucho. La receta en sí misma es sencilla; la aplicación en la práctica puede ser algo más difícil dependiendo de diferentes factores relacionados con la madurez espiritual y personal de cada uno. No suelen ser las circunstancias que podamos vivir en un momento determinado la causa real de la pérdida de la paz interior, ya que circunstancias y paz interior son dos aspectos que se encuentran en una misma realidad. Las circunstancias es lo que percibimos fuera de nosotros, la paz interior es el resultado de cómo reaccionamos a lo que percibimos fuera de nosotros. Tanto una cosa como la otra dependen esencialmente de nosotros y de nuestros procesamientos mentales. Cambiando un solo procesamiento mental en una situación que nos angustia puede cambiar todo lo demás: la interpretación que hacemos de la realidad, las emociones que se generan como resultado de esta interpretación y nuestra experiencia personal de la situación.

La aceptación

La clave de la paz interior es la *aceptación* de todo lo que viene a nuestra vida. Lo contrario de la aceptación es la resistencia, y resistencia en mayor o menor grado es lo que solemos hacer ante las situaciones que no nos satisfacen totalmente. Al resistirnos, necesariamente generamos emociones negativas con las que podemos *liberar*, *reprimir* o *reaccionar* contra la situación o las personas que consideremos responsables.

Al desarrollar la capacidad de aceptación dejamos de generar muchas de las emociones inútiles que anteriormente nos hacían perder el control y nos dañaban; además, en los casos en que las emociones nos son útiles, serán asumidas como parte de la valoración positiva de la experiencia vivida y no tendrán consecuencias posteriores.

A continuación presentamos cinco tipos de sentimientos que generamos de forma instintiva y pueden impedirnos la aceptación de cualquiera de las situaciones que vivimos. Observaremos cómo estos sentimientos tienen una raíz común pero, a su vez, generan diferentes actitudes.

- *El sentimiento de «querer cambiarlo»*. Nos referimos a cualquier cosa de nuestra vida o experiencia personal que no nos guste, tales como: comportamientos propios, situaciones que vivimos o personas relacionadas con nosotros que nos incomodan. No siempre es fácil aceptar lo que no podemos cambiar; generalmente nos rebelamos ante esta idea. Sin embargo, cuando soltamos el deseo de cambiar las cosas tal como son, pasamos de forma natural al estado de *aceptación* y entonces a encontrarnos en armonía con la Vida.

  Aunque nuestra mente nos dice que el deseo de cambiar algo es lícito, y lo propio es ponernos a trabajar en ello, suele ocurrir lo contrario: cuando nos centramos en el deseo de cambiar una situación la experimentamos como resistencia o rechazo y esto la refuerza y provoca su persistencia.

- *La percepción de amenaza*. Hay ocasiones en que las percibimos como una amenaza personal a nuestra dignidad o para nuestros intereses, entonces desarrollamos una *actitud defensiva*. Esto significa que no somos capaces de ver más allá de nuestra percepción y de la creencia de salir perjudicados. Esta actitud defensiva se puede manifestar de dos formas diferentes: distanciándonos de la situación para ponernos a salvo o arremetiendo contra ella hasta que consideremos que el peligro ha desaparecido. Tanto en un caso como en el otro no permitimos que la Vida trabaje en nosotros a través de esta situación y solemos perder otra oportunidad de crecer y madurar personalmente.

- *La actitud de oposición.* La oposición revela un sentimiento contrario a la situación de referencia, lo cual significa que una de las dos partes necesariamente ha de cambiar para que desaparezca el conflicto. Muchas veces no cabe la posibilidad de acuerdo porque las diferentes propuestas son excluyentes en todos los casos; entonces suele ocurrir que la parte más fuerte termina dañando a la más débil. Pero, en realidad, cuando nosotros somos uno de los protagonistas, en la mayoría de los casos somos nosotros mismos los que nos dañamos por no tener la actitud de aceptación adecuada. ¿Cuántas veces en nuestra vida no aceptamos una determinada situación y nos oponemos sufriendo y haciendo sufrir hasta que, pasando el tiempo, comprobamos que estábamos equivocados?

- *La resistencia inconsciente.* Hay muchos comportamientos que indican que estamos manteniendo una resistencia de forma inconsciente, por ejemplo, cuando retrasamos la ejecución de una tarea o evitamos enfrentar una situación con diferentes justificaciones que parecen lógicas. No deseamos hacerlo o tenemos temor a salir perjudicados si lo hacemos. Esta es la realidad que subyace detrás de lo aparente. La causa se encuentra en nuestra *sombra*, en el basurero de nuestro inconsciente en el que todo comportamiento anómalo tiene explicación. La resolución de este tipo de resistencias pasa por descubrir y liberar las emociones que han quedado enquistadas en nuestra mente.

- *Temor a perder el control de la situación.* Solemos estar más aferrados de lo que nos imaginamos a la necesidad de mantener el control, ya que la sensación de tenerlo nos da seguridad. La seguridad es uno de los estados esenciales de la persona al que pocas veces se quiere renunciar; pero en muchas ocasiones se da la paradoja de que cuanto más control intentamos ejercer sobre una situación menos seguros nos sentimos. Cuando nos encontramos en este punto nosotros mismos bloqueamos la salida impidiendo que la situación se resuelva positivamente. También en este caso, como en los anteriores, la mejor opción es la de aceptar lo que viene a nuestra vida y permitir que nos ayude en nuestra transformación personal y nuestra madurez.

- *El apego.* Desde el principio de nuestra vida nos apegamos a personas y a cosas. En cuanto a las primeras, es algo natural porque comenzamos dependiendo de ellas; en cuanto a las otras, cuando el apego es fuerte, solemos usarlas como sustitutos de determinadas personas significativas en nuestra vida. El apego incluye en sí mismo una resistencia a la separación o a la pérdida del objeto que es significativo para nosotros. Con la resistencia intentamos evitar el sufrimiento que hemos experimentado desde la más tierna infancia y se encuentra registrado en nuestras memorias. El resistirnos a soltar es una lucha que nos hace sufrir, y la idea de lo que ocurriría si soltáramos también. Así pues, ante una situación de pérdida podemos sufrir ansiedad y bloquearnos porque se nos hace difícil aceptar. En estos casos la aceptación se hace más sencilla cuando somos capaces de abrir nuestra mente a la posibilidad de una realidad positiva sin el objeto de apego, diferente de la que se encuentra programada en nuestra mente.

En definitiva, podemos hacer referencia a la conocida máxima que reza: «Todo lo que resistes permanece y todo lo que aceptas se transforma». Estas palabras, atribuidas a un principio budista, son mucho más que una frase célebre: se trata de un principio universal que encontramos en diferentes religiones, culturas y doctrinas espirituales. Jesús enseñó sobre la no resistencia: «Ustedes han oído que se dijo: "Ojo por ojo y diente por diente". Pero yo les digo: No resistan al que les haga mal. [...] Si alguien te pone pleito para quitarte la capa, déjale también la camisa»[5]. Sus apóstoles

---

5. Mateo 5:38-42

también lo enseñaron. Por ejemplo, Pablo lo expresaba así: «Nunca devuelvan a nadie mal por mal. [...] No dejen que el mal los venza, más bien venzan el mal haciendo el bien»[6].

En estas dos citas cristianas encontramos una directriz muy interesante para estar en armonía con este principio universal y sortear la tercera ley de Newton: *cada acción tiene una reacción igual y opuesta*. Cada vez que voy en contra de algo o me resisto estoy creando una fuerza de oposición y, sin darme cuenta, estoy alimentando aquello que no deseo. Jesús, en las cuatro situaciones que presenta (la dignidad personal, el conflicto por los bienes materiales, el abuso de autoridad y el que desea aprovecharse de nosotros) nos enseña que no debemos *reaccionar* ante estas *acciones* que aparentemente nos perjudican. Su fórmula sería: aceptar, perdonar y disponerse a corresponder con otro tanto de buena voluntad si fuera necesario. Pablo, por su parte, explica que nunca hay que pagar con la misma moneda cuando alguien nos perjudica, porque es entonces cuando caemos bajo su control. Más bien, devolviendo bien por mal, terminamos transformando este mal en bien.

La gratitud

La gratitud es mucho más que un acto de buena educación. Cuando se ejerce enriquece nuestras vidas y cuanto más «fuera de lugar» parece expresarse, más evidente se hace su poder transformador. La gratitud en sí misma ya es beneficiosa. A nadie le ha ido mal por ser agradecido. Cuando damos las gracias como reconocimiento a un bien recibido estamos expresando un sentimiento de alegría interior que la otra parte recibe creando un sentimiento positivo por haber compartido algo de valor que ha sido reconocido.

Al desarrollar un *espíritu de gratitud* nos conectamos con nuestra verdadera esencia y armonizamos con la vida, con el universo y con el Ser Supremo. Nuestra salud y equilibrio emocional mejoran y alcanzamos una experiencia de plenitud. Desarrollar un *espíritu de gratitud* significa que ejerceremos la gratitud como estilo de vida, no solo en los momentos en

---

6. Romanos 12:17-21, NTV

que tengamos motivos evidentes para dar gracias, sino también en aquellos cuando decir «gracias» parece fuera de lugar. Reconozco que no es fácil para cualquier persona, pero sí lo es para aquel que eleva su mirada por encima de sus circunstancias y es capaz de abrirse a una nueva concepción del significado de las cosas que vienen a su vida.

Hay situaciones que juzgamos negativamente en nuestra vida. Estas valoraciones las hacemos según cómo nos sentimos con cada una de ellas. En sí mismas pueden tener un valor neutro, pero lo importante es nuestra particular experiencia con ellas. ¿Es posible sentir gratitud genuina por algo que no aprobamos, que nos disgusta o que no comprendemos? Veamos a continuación algunos requisitos fundamentales:

- No *condicionar la gratitud a aquellas cosas que nos parecen dignas de merecerla*. Esto es lo que hacemos o hemos hecho la mayoría de nosotros, porque así nos lo han enseñado, pero de esta manera difícilmente alcanzaremos los mejores bienes de la vida. Para que la gratitud sea un instrumento de bendición y transformación interior en nuestra vida hemos de llevarla a otra dimensión donde su sentir y su expresión no tengan límites.

- *Inundar nuestra vida de gratitud*. Dar gracias por lo que nos alegra y por lo que nos disgusta, por lo que entendemos y por lo que no entendemos, por lo que nos beneficia y por lo que a nuestro parecer nos perjudica. Como dice el apóstol Pablo en una de sus cartas: «Den gracias a Dios en toda situación, porque esta es su voluntad para ustedes en Cristo Jesús»[7]. Por supuesto, esto implica una nueva concepción e interpretación de todo aquello que ocurre en nuestra vida que es necesario aprender y desarrollar.

- *Asumir el principio de la no resistencia* explicado anteriormente, pues el *espíritu de gratitud* y esta ley van de la mano. No es posible mostrarse agradecido en algo que rechazo abiertamente, aunque también es cierto que la voluntad de ser agradecido facilita la aceptación de la situación que se rechaza. Aceptar o rechazar son dos actitudes que se

---

7. 1 Tesalonicenses 5:18

generan como consecuencia de los juicios que hacemos sobre las cosas que vienen a nuestra vida, y muchas veces estos juicios están errados porque el punto de referencia que tomamos son nuestras emociones.

- *Confiar en que todo lo que viene a nuestra vida tiene un propósito y nos será útil.* Aunque en ocasiones pueda ser difícil darle sentido a las situaciones que vivimos, asumir su razón de ser es un acto de fe que realizamos por encima de nuestra capacidad de comprensión. Esta decisión nos alinea con la Vida y nos mantiene en armonía interior. La mayoría de las veces, al pasar el tiempo, valoramos lo ocurrido de otra forma. Entonces, donde veíamos injusticia vemos misericordia y en lo absurdo, sabiduría.

- *Desarrollar una actitud abierta y receptiva.* Es una cuestión de tomar perspectiva ante lo que nos resulta más difícil de comprender, pues siempre que nos centramos en un hecho determinado podemos valorarlo como bueno o malo, pero suele ser un juicio sesgado del conjunto. Lo que puede no tener sentido por sí mismo seguramente lo tiene en el conjunto. Por esta razón no deberíamos rechazar ninguna parte o aspecto de nuestra vida. Si lo hiciéramos, nuestra vida perdería fuerza en el más amplio sentido de la palabra. Muchas veces lo que rechazamos es lo que nos hace más fuertes. Además, al rechazar lo que nos disgusta, conseguimos el efecto contrario: no lo eliminamos sino que lo hacemos más presente. En cambio, si desarrollamos una actitud receptiva por medio de la aceptación, entramos en un diálogo con la vida que siempre será constructivo para nosotros.

- *Auxiliarse de la técnica «actuar como si».* Esta técnica se basa en el principio que William James popularizó sobre el comportamiento humano. Siendo profesor en la Universidad de Harvard le preguntaron en cierta ocasión por el descubrimiento más importante en el campo del desarrollo humano en los últimos años y respondió lo siguiente: «Hasta ahora se pensaba que para actuar había que sentir. Hoy se sabe que el sentimiento aparece cuando empezamos a actuar. Este es para mí el descubrimiento más grande del siglo en el campo del desarrollo humano». James resume el descubrimiento con el siguiente adagio: «El pájaro no canta porque sea feliz, es feliz porque canta».

Este recurso puede ser útil en muchas ocasiones en que ciertos aspectos internos se resisten a motivarnos para hacer lo que nos convendría. Cuando comenzamos a dar gracias por algo sin el sentimiento que le sería propio, primero hay un rechazo interior, pero al insistir nuestra mente profunda va pasando a nuestro espacio consciente todo aquello que se opone y de esta manera se va liberando la resistencia que experimentamos. A su vez, la respuesta externa que se recibe al actuar así, estimula y refuerza este comportamiento que terminará siendo de auténtica gratitud.

Con todo lo dicho anteriormente, podemos perfilar un estilo de vida que nos asegura en buena medida nuestra estabilidad emocional. En el binomio: personas/circunstancias siempre podemos escoger el darle el protagonismo a una de las dos partes. Si hacemos responsables a la circunstancias de nuestro malestar les vamos a conceder un poder sobre nosotros que en realidad no tienen; en cambio, al tomar la responsabilidad sobre nuestros sentimientos y nuestra vida, las circunstancias se convierten en instrumentos de la vida para nuestro crecimiento.

Deseo terminar estas líneas con una anécdota que puede inspirarnos sobre la esencia de lo que venimos diciendo.

En cierta ocasión un ingeniero de caminos iba de viaje en su automóvil y se hizo de noche antes de lo previsto. Decidió entonces pernoctar en el pueblecito que daba nombre a aquel precioso valle y que se encontraba asentado a las orillas del río que lo cruzaba.

Cuando acudió al mesón para cenar, observó que la gente que había allí estaba triste y quejosa. Realmente se sorprendió y le parecía incomprensible que en un lugar tan afortunado por la naturaleza pudieran ser infelices; así que se dirigió a uno de los grupos que se lamentaban y les preguntó por la causa de sus desdichas.

—Nosotros trabajamos en nuestros huertos y en nuestras granjas, arreglamos nuestras casas y nuestras calles. Cuando parece que todo está en orden y nuestras haciendas prosperan, viene una subida del río y se lo lleva todo dejándonos arruinados. Entonces, pedimos préstamos, limpiamos las calles y las casas, restauramos las granjas y los huertos pensando que esta vez podremos prosperar y vivir de nuestro trabajo, pero al cabo de un tiempo viene otra subida del río y lo arrasa todo. Esto ha ido pasando por años, ¿cómo quiere que nos sintamos?

El ingeniero los escuchó estupefacto y luego con voz tranquila les dijo:
—Esto es muy fácil de resolver.

Unos casi se enfadaron al escuchar estas palabras; otros se burlaron y los demás quedaron intrigados esperando la explicación.

—Las subidas del caudal del río son un fenómeno natural y cíclico, pero no tiene por qué perjudicarlos. Ustedes solo tienen que hacer una cosa para poder prosperar y seguir disfrutando de este privilegiado entorno natural: subir de nivel. Suban sus huertos, granjas y casas más arriba para que cuando el caudal suba pueda fluir sin estorbos y ustedes no se conviertan nunca más en víctimas de sus cambios.

CONCLUSIÓN

No se agotan aquí las posibilidades de identificar y tratar con el caos emocional. A lo largo de las páginas anteriores hemos citado más de veinte tipos diferentes de caos emocionales, pero podríamos seguir presentando algunos más que se generan de forma espontánea como consecuencia de una mala gestión de las emociones en la edad adulta, por causa de una infancia anómala o determinados por la herencia anímica que la persona ha recibido de su sistema familiar.

Por supuesto, hay diferentes grados de caos emocional, desde aquellos que generan una ligera inquietud hasta los que producen síntomas físicos de diferente severidad o un nivel de perturbación mental que incapacita a la persona para poder realizar su vida, su trabajo o relacionarse de forma normal.

Generalmente, las personas cercanas a la que está sufriendo un caos emocional suelen invertir tiempo y energía en tratar de cambiar su forma de pensar o de comportarse para sacarla de esta situación, pero con frecuencia se frustran y desaniman porque tienen que enfrentarse con respuestas poco gratificantes; y a su vez, la persona en cuestión suele sentirse incomprendida, poco aceptada y se agobia al experimentar la ayuda como una invasión a su espacio personal. La exposición de este libro puede considerarse como una guía de trabajo para los que desean ayudar de manera eficaz a los que pasan por este tipo de dificultades.

No queremos dar la idea de que este libro sustituye a ningún profesional de la salud acreditado; tampoco entra en conflicto con ninguna de las prácticas médicas que el profesional realice, ni con cualquier tipo de doctrina moral o religiosa a la que pertenezcan tanto el que necesita ayuda como el que se la provee. Solo debe considerarse como un instrumento útil para que cualquier persona pueda salir de una situación de conflicto emocional o psicológico y pueda recuperar su armonía y paz interior.

Por último, quisiera contestar a una pregunta típica que suelen hacerme aquellas personas que no obtienen de forma rápida la paz interior que desean: «¿Cuánto he de continuar con esto?».

Cuenta una historia oriental que hace tiempo un viejo monje chino iba en peregrinación al monte Wu-tái. Anciano y débil, caminaba a lo largo del polvoriento sendero, solo, pidiendo limosna por el camino. Tras largos meses de viaje, una mañana miró hacia arriba y vio la majestuosa montaña en la distancia. Al borde del camino había una mujer mayor trabajando en el campo y decidió preguntarle. «Por favor dígame, ¿cuánto más debo continuar hasta llegar al monte Wu-tái?».

La mujer simplemente le miró, profirió un sonido gutural y volvió a su azada.

El monje repitió la pregunta una segunda y otra tercera vez, pero siguió sin recibir respuesta. Pensando que la mujer debería ser sorda decidió adelantarse. Tras haber dado una docena de pasos, oyó a la mujer decirle: «Dos días más. Le llevará dos días más».

Algo molesto, el monje respondió: «Pensé que era sorda, ¿por qué no me respondió a la pregunta antes?» La mujer le explicó: «Usted hizo la pregunta mientras estaba de pie, maestro. ¡Tenía que ver cómo de rápido era su paso, cómo de decidido era su caminar!».

Lo propio es llegar a conseguir la paz interior si lo deseamos suficientemente y trabajamos para ello. Pero cada persona es diferente, viene de diferente lugar y va a distinto paso; por lo tanto, el tiempo que a una persona le ha llevado conseguir su objetivo no puede generalizarse a las demás. Cada uno debe andar su propio camino y este es único e intransferible.

Deseo que tu paz sea completa.

BIBLIOGRAFÍA

Andreas, C. y T. (1996) *La transformación esencial.* Madrid, Gaia Ediciones.
Berne, E. (1987) *¿Qué dice usted después de decir hola?* Barcelona, Ediciones Grijalbo.
Bourbeau, L. (2008) *Obedece a tu cuerpo.* Málaga, Editorial Sirio.
Brown, T. S. y Wallace, P. M. (1985) *Psicología fisiológica.* McGraw-Hill, México, Nueva Editorial Interamericana.
Dwoskin, H. (2008) *El método Sedona.* Málaga, Editorial Sirio.
Langlois, D. y L. (2010) *Psicogenealogía.* Barcelona, Ediciones Obelisco.
Oller, J. (1988) *Vivir es autorrealizarse.* Barcelona, Editorial Kairos.
Santa Biblia, Nueva Traducción Viviente. Carol Stream, IL, Tyndale House Publishers (2010).
Solá, D. (2014) *Educar sin maltratar.* Carol Stream, IL, Tyndale House Publishers.
Solá, D. (2014) *Este adolescente necesita otros padres.* Carol Stream, IL, Tyndale House Publishers.
Solá, D. (2014) *Nuestros hijos, nuestros maestros.* Carol Stream, IL, Tyndale House Publishers.
Solá, D. (2014) *Víctima de víctimas.* Carol Stream, IL, Tyndale House Publishers.
Solá, D. (2014) *Lo siento, te amo.* Carol Stream, IL, Tyndale House Publishers.
Soler, J. y Conangla, M. (2005) *La ecología emocional.* Barcelona, Amat Editorial.

DAVID SOLÁ

Autor de varios éxitos, reconocido consejero familiar y conferencista internacional

TAMBIÉN DISPONIBLE POR TYNDALE:

Educar sin maltratar
978-1-4964-0099-4

Este adolescente necesita otros padres
978-1-4964-0100-7

Nuestros hijos, nuestros maestros
978-1-4964-0101-4

Haciendo fácil lo difícil
978-1-4964-0179-3

CP0816

DAVID SOLÁ

Autor de varios éxitos, reconocido consejero familiar y conferencista internacional

TAMBIÉN DISPONIBLE POR TYNDALE:

Lo siento, te amo
978-1-4964-0103-8

Amar es más sencillo
978-1-4964-0102-1

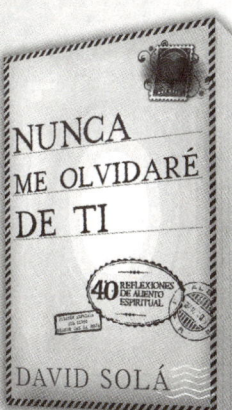
Nunca me olvidaré de ti
978-1-4964-0180-9

Víctima de víctimas
978-1-4964-0181-6

Tyndaleespanol.com

CP0816